성경이 말하는
백만장자의
10가지 키워드

성경이 말하는 백만장자의 **10가지 키워드**

초판 1쇄 찍은 날 · 2006년 3월 27일 | 초판 1쇄 펴낸 날 · 2006년 4월 3일

지은이 · 신상래 | **펴낸이** · 김승태

편집장 · 김은주 | **편집** · 박지영, 윤구영 | **디자인** · 이승희, 이훈혜 | **제작** · 한정수
영업본부장 · 오상섭 | **영업** · 변미영, 장완철 | **홍보** · 주진호 | **물류** · 조용환, 송승철
드림빌더스 · 고종원, 노지현

등록번호 · 제2-1349호(1992. 3. 31.) | **펴낸 곳** · 예영커뮤니케이션
주소 · (110-616) 서울 광화문우체국 사서함 1661호 | **홈페이지** www.jeyoung.com
출판사업부 · T. (02)766-8931 F. (02)766-8934 e-mail: jeyoungedit@chol.com
출판유통사업 · T. (02)766-7912 F. (02)766-8934 e-mail: jeyoungsales@chol.com

ISBN 89-8350-382-3 (03230)

값 9,000원

성경이 말하는
백만장자의
10가지 키워드

신상래 지음

예영커뮤니케이션

차례

들어가는 말

우리 주 예수 그리스도의 은혜를 너희가 알거니와 부요하신 자로서 너희를 위하여 가난하게 되심은 그의 가난함을 인하여 너희로 부요케 하려 하심이니라(고후 8:9).

아침에 신문을 펼치면 세상 이야기가 쏟아져 나옵니다. 그 중에서도 내 눈에 들어오는 것들은 경제적으로 힘들다는 이야기뿐입니다. 사업이 너무 힘들어 부도나는 회사들이 줄을 잇고, 회사의 감원정책으로 한창 일할 나이에 거리로 내쫓기며, 대학을 졸업한 청년들이 취직을 못해서 방황하며, 악성부채를 갚지 못하는 신용불량자가 노숙자가 되거나 자살을 꾀하고 있습니다. 이 외에도 수많은 기삿거리는 지금 우리가 가고 있는 방향은 불투명하며 고통스러운 곳이라고 말해줍니다. 이 시대를 살아가는 크리스천들도 예외는 아닙니다. 모두가 돈을 바라보고 살아가고 있지만 돈을 바라보는 시간이 길어질수록 자포자기에 가까운 실망스러운 자신과 마주할 뿐입니다.

예수님은 부유한 하나님의 자리에서 스스로 가난하고 비천한 목수의 아들로 태어나 남들이 천하게 여기는 일을 하시면서 가난하고 고된 삶을 살다 가셨습니다. 그 이유가 우리를 부요케 하려는 목적이었다고 성경은 말해줍니다. 그러나 우리는 여전히 가난하고 고통스러운 삶을 살아가고 있는 이유가 무엇인지 알 수 없습니다. 그래서 결국 찾아 낸 것이 "내 믿음이 부족해서 그런가 보다. 그러니 예배에 열심히 참석하고, 기도도 더욱 힘써 하며, 성경도 빠지지 말고 읽어야지." 하며 일반적인 믿음의 처방을 내립니다.

> 네 하나님 여호와를 기억하라 그가 네게 재물 얻을 능을 주셨음이라 이같이 하심은 네 열조에게 맹세하신 언약을 오늘과 같이 이루려 하심이니라 (신8 : 18).

구약에 나오는 위인들은 대부분 부자였습니다. 아브라함은 사병을 수백 명 거느릴 정도로 거부였고, 이삭, 야곱, 요셉과 그 형제들도 다 거부로서 이스라엘의 12지파를 이루었습니다. 돈 얻는 능력을 유전자로 이어받은 이스라엘 민족은 현대에도 전 세계의 부를 휘어잡고 세계의 경제를 쥐락펴락하고 있습니다. 예수님을 자유롭게 섬기겠다는 신앙의 자유를 찾아 자그마한 배를 타고 대서양을 건너 아메리카에 정착한 가난한 개척민들. 그들은 부의 유전자를 유감없이 발휘하여 200여 년이 지난 지금 세계에서 가장 돈이 많고 강한 나라가 되어 가난한 나라들을 도와주는 제왕의 나라, 미국으로 우뚝 서 있습니다. 이처럼 하나님은 자신을 섬기는 자녀들에게 재물 얻을 능력을 넘치도록 주셔서 이들이 세상에서 부유하게 사는 것을 원하고 계십니다.

그러나 우리의 모습은 어떻습니까? 유교시대부터 뿌리 깊게 박혀 온, 돈을 멀리하는 사상은 은연중에 돈을 밝히는 것을 천박하다고 여기고 있습니다. 이러한 생각은 교도 내에도 돈이 일만 악의 뿌리라고까지 할 만큼 팽배해 있습니다. 그러면서 부자가 되려고 허겁지겁 돈을 쫓아가는 모습은 참 아이러니컬합니다. 부동산이나 주식투자의 열풍이 불어 '묻지마 투자'의 시대가 오면 불법과 비도덕을 가리지 않고 주민등록 위장 전입, 딱지 매입, 등기 전 매매 등 비정상적인 방법을 가리지 않고 부자가 되려는 크리스천들이 무척 많습니다. 욕을 얻어먹더라도 부자가 되는 것이 하나님의 말씀을 듣는 것보다 좋기 때문입니다.

그러나 하나님의 자녀로서 하나님이 주시는 지혜와 능력을 이용하여 부자가 되는 것을 꿈꾸는 자가 얼마나 되는지요? 우리나라에는 크리스천들이 1,200만 명에 이를 정도로 많은 데도 자신의 유산을 하나님의 나라를 확장하는 데 흔쾌히 내놓고 불우한 이웃을 돕는 일에 거액을 드렸다고 하는 사람은 많지 않습니다. 다만, 자신만의 교회를 지어 이름을 남기려고 하거나 교회를 넓히는 일에만 관심을 두고 이것을 선교의 전부로 아는 성도들로 위안 삼을 뿐입니다. 하나님은 우리에게 엄청난 재산을 주시기 전에 자격을 확인하십니다. 지금 한국의 기독교는 하나님의 재산을 맡아 관리할 자격을 가진 자가 급히 필요합니다. 그래서 그 재물로 하나님의 사업을 해야 하는 데 정작 돈만 원하고 있지 자격을 갖추고 능력을 키우는 일에는 관심이 없습니다. 그래서 교회는 수없이 많고 교인들은 북적대지만 하나님의 재산을 맡을 자격을 갖춘 자는 눈을 씻고 찾아보아도 찾기가 어렵습니다.

저는 오랫동안 크리스천 재정 관리에 대한 책을 쓰고 상담을 하고 강의를 하면서 하나님께서 우리에게 주신 돈을 관리하는 데 여러 가지 원칙을 발견하였습니다. 그래서 그 원칙을 잘 알고 삶에 적용하면 모든 사람들이 바라는 대로 재정적으로 부유하고 형통한 삶을 살 수 있을 거라고 생각해 보았습니다. 그러나 하나님의 재정에 대한 원칙은 다양하며 어떤 것은 삶에 적용하기도 어렵습니다. 그래서 그 모든 것을 다 배우고 실천하는 것은 오랜 시간과 노력을 기울여야 합니다. 그렇지만 그 중에서도 기본적이고 필수적이며, 꼭 필요한 것을 압축해서 알려준다면 누구나 쉽게 이해하고 실천할 수 있을 것입니다. 아무리 좋은 것이라 할지라도 너무 어렵고 실천하기가 힘들다면 아무런 소용이 없을 것입니다.

그래서 기도하며 이 책을 쓰게 되었습니다. 부족하지만 성도들이 이 책을 통해 하나님께서 적용하시는 돈에 대한 원칙을 깨닫고 실천하여 재정적으로 넉넉하고 형통한 삶을 살게 되시길 소망합니다. 이 책이 나오기까지 기도와 격려를 아끼지 않으신 한마음 교회 식구들과 늘 내 곁에서 묵묵히 도와주는 아내에게 이 책을 바칩니다.

성경이 말하는 백만장자의 10가지 키워드

첫째 비밀

모든 것의 처음은 자세이다

자세란 무엇인가?

아테네 올림픽 경기가 한창일 때였습니다. 우리나라 선수들이 각 종목에서 열심히 경기에 임하고 있었는데, 아나운서와 해설자가 경기를 중계하면서 늘 하는 말 중에 하나인 자세가 흐트러지면 안 된다는 말을 했습니다. 왜 그럴까요? 자세는 모든 것의 기본이기 때문입니다. 남자가 성년이 되면 군대에 가는데, 군에서 배우는 것 중에 가장 중요한 것이 사격술입니다. 전쟁을 하려면 총을 잘 쏴야 살아남고 그것이 전투에서 승리하기 위한 필수적인 능력입니다. 그래서 훈련소에 가자마자 사격 훈련부터 지독하게 시키는 데 처음부터 총을 주면서 쏘라고 하지는 않습니다. 잘못되면 안전사고가 발생하여 생명이 위험한 지경에 이를지도 모르기 때문입니다. 그러므로 처음에는 정신 무장을 강하게 시키는 데 총을 쏘면서 정신을 한 곳에 집중하는 것을 강조합니다. 그 다음에는 사격 자세를 가르칩니다. 총을 어떻게 잡고, 개머리판은 어깨에 단단히 고정시키고, 눈은 가늠자에 최대한 가깝게 대고 가늠쇠로 정조준을 하고 나서 호흡을 멈추고 방아쇠를 천천히 당겨야 한다는 것입니다. 이처럼 자세가 올바르지 않다면 총알은 표적지에서 멀어질 수밖에 없습니다. 그러므로 총을 잘 쏘는 군인이 되려면 처음부터 올바른 사격 자세를 갖도록 노력해야 합니다. 자세가 올바르지 않다면 아무리 노력하고 애써도 좋은 결과를 맺지 못합니다.

돈 관리를 하는 데도 당연히 올바른 자세를 가져야 합니다. 하나님이 원하시는 돈에 대한 자세를 가지고 있지 않다면 열심히 저축하고 투자해서 애쓰고 노력하더라도 한순간에 낭패를 당할 수도 있습니다. 정작 돈을 많이 모았다 할지라도 하나님께서 기뻐하시지 않는 곳에 사용한다면 세상 사람들과 다를 바가 없습니다.

성경에는 돈을 많이 모으는 자와 그것을 누리는 자가 다르다고 말씀하십니다. 땀을 흘려 아무리 많이 모았다 하더라도 누리지 못한다면 허망한 일일 것입니다. 그렇다면 하나님께서는 어떤 자세를 요구하는지 생각해 보도록 합시다.

어떤 자세를 원하시는가?

1. 하나님의 뜻을 알아야 한다

내 백성이 지식이 없으므로 망하는도다 네가 지식을 버렸으니 나도 너를 버려 내 제사장이 되지 못하게 할 것이요 네가 네 하나님의 율법을 잊었으니 나도 네 자녀들을 잊어버리리라 (호 4:6).

호세아 선지자 시대에 이스라엘 백성들은 하나님을 섬기기보다는 우상과 자신을 섬기기에 바빴습니다. 그래서 호세아 선지자가 하나님이 누구시며 어떤 분이신가를 선포합니다. 하나님을 모른다면 그 종말에는 멸망할 수밖에 없다는 것을 알아야 하는데 그 당시 이스라엘 백성들 대부분은 하나님에 대해 관심조차 없었습니다. 결국 이스라엘 백성들은 외국의 침략을 받아 나라를 빼앗기고 머나먼 타국으로 뿔뿔이 흩어지는 슬픈 역사를 갖게 되었습니다.

돈에 대해서도 마찬가지입니다. 돈은 자본주의 사회의 혈액이며 우리가 인생을 살아가는 데 없어서는 안 되는 필수품입니다. 그러므로 대부분의 사람들은 그들의 삶을 살아가는 데 필요한 것을 얻기 위하여 아침부터 밤늦도록, 일할 수 없는 그 날이 올 때까지 돈을 벌고자 애쓰고 노력합니다. 그렇지만 돈에 대한 하나님의 뜻을 아는 것이 돈을 많이 벌어 모아두는 것보다 훨씬 더 중요합니다. 돈은 아무리 많이 있어도 하나님이 뜻하고 계시는 돈의 사용법을 알지 못하고 자신이나 가족들의 즐거움만을 위하여 사용하는 데 그친다면 나중에 책망 받을 수밖에 없을 것입니다. 그렇다면 돈에 관한 하나님의 뜻은 어떤 것일까요?

심는 자에게 씨와 먹을 양식을 주시는 이가 너희 심을 것을 주사 풍성하게 하시고 너희 의의 열매를 더하게 하시리니(고후 9 : 10).

일용할 양식은 무엇인가?

하나님은 이 세상을 창조하셨으며 우주를 운행하시는 분이십니다. 그러므로 이 세상에 창조한 창조물들이 다 살아가도록 먹을 것을 예비해 주셨습니다. 그러므로 사람뿐 아니라 모든 동식물들, 바다의 물고기들, 심지어는 땅 속을 기어 다니는 벌레조차도 다 먹고 살 수 있도록 하셨습니다. 하나님께서 창조하셨을 때 가장 기뻐하셨던 사람들도 마찬가지입니다. 하나님이 인간을 만드셨을 때에는 다 먹고 살 수 있도록 준비 완료된 환경이었습니다.

공중의 새를 보라 심지도 않고 거두지도 않고 창고에 모아들이지도 아니하되 너희 천부께서 기르시나니 너희는 이것들보다 귀하지 아니하냐 (마 6 : 26).

하나님께서는 하늘을 나는 새와 들에 핀 풀꽃조차도 먹이시고 입히시는 분입니다. 왜냐하면 하나님께서 만드셨기 때문에 기꺼이 그것들을 기르시는 것입니다. 그러므로 우리 믿는 하나님의 자녀들이 먹고 살 걱정에 빠져 근심하는 것은 믿음이 없는 행위이며 하나님께서 슬퍼하시는 일입니다. 이스라엘 백성이 모세의 인도로 이집트에서 나와 가나안 땅에 들어가기까지 40여 년 동안 하나님께서는 만나와 메추라기로 매일매일 일용할 양식을 제공하셨습니다. 왜냐하면 광야는 먹을 것이 없는 사막이었기 때문입니다. 그들이 광야에서 가나안 땅으로 들어가자마자 만나가 그쳤는데, 가나안 땅은 비옥한 땅이기에 그들 스스로 직접 농사를 지어 양식을 해결할 수 있었습니다. 이렇듯 당신의 자녀를 기르시는 하나님께서 우리 삶의 형편도 다 알고 계십니다.

하나님은 우리에게 매일매일 먹고 살아야 할 일용할 양식을 주셨지만 주는 방식은 사람마다 다릅니다. 농사짓는 사람에게는 논밭에서 풍성한 소출이 나는 열매를 주시고, 사업을 하는 사람은 수익을 내서 수입이 되게 하고, 월급 생활자는 월급으로 소득이 있게 합니다. 사람마다 형편과 처지가 다 달라도 모든 자녀들을 굶기지 않고 양식과 입을 것과 거주할 곳을 마련해 주십니다. 그러나 그것은 하늘에서 떨어지는 것이 아닙니다. 우리가 노동을 통해서 얻는 것입니다. 그러므로 게으른 사람은 굶을 것이라고 말씀하고 계십니다.

> 게으름이 사람으로 깊이 잠들게 하나니 해태한 사람은 주릴 것이니라(잠 19:15).

하나님께서는 우리가 부지런히 일만 한다면 살 수 있는 방편을 마련해 주십니다. 그것을 믿음의 눈으로 바라보아야 합니다. 아무리 세상의 경제 환경이 어렵고, 회사가 도산하고, 취직하기가 어렵다 할지라도 하나님을 의지하고 열심히 일할 의지만 있다면 하나님께서 형편과 처지를 살피셔서 필요한 양식을 공급해 주실 것입니다.

그러나 성도들이 오해하는 것 중의 하나가 십일조와 헌금을 드려야만 하나님께서 일용할 양식을 주신다고 믿는 것인데, 이것은 그분의 뜻이 아닙니다. 공중의 새나 들풀을 먹이시고 입히시는 것처럼 아무 조건 없이 우리를 먹이시고 입혀 주십니다. 그것은 자녀를 아무 조건 없이 사랑해서 그들을 기르시고 가르치는 부모님처럼, 하나님도 우리에게 조건 없는 사랑을 베풀어 주십니다.

씨앗은 어떤 의미인가?

하나님은 우리에게 일용할 양식뿐 아니라 씨앗도 주신다고 하셨습니다. 씨앗은 양식으로 삼는 것이 아니라 땅에 심어 잘 가꾸어 나중에 30배, 60배, 100배의 열매를 맺는 것입니다. 하나님께서는 삶에 필요한 일용할 양식 외에도 심어서 많은 열매를 맺게 하기 위한 씨앗까지도 주십니다. 그 씨앗이 십일조와 헌물입니다.

십일조와 헌금

십일조와 헌금은 하나님께서 축복의 통로로 삼는 믿음을 확인하시고 자 하는 것인데, 이 십일조와 헌금이 하늘나라에 심어져 배가 되고 우리 가 요청할 때 하나님의 뜻에 따라 우리에게 돌려지는 것입니다.

이 씨앗이 잘 자라서 우리의 재정적인 삶이 풍성해지고 의로운 열매 를 맺게 된다고 말씀하십니다. 의로운 열매는 불우한 이웃들에게 나누어 져 그들의 삶을 고난과 어려움 속에서 구해 줄 재물로 쓰이는 것을 말합 니다.

이와 같이 하나님께서 우리에게 주시는 재물은 두 가지인데 그것은 필요한 양식과 의로운 열매를 맺게 하기 위해 우리에게 주신다는 것을 잘 알아야 합니다. 이러한 하나님의 뜻을 잘 안다면 우리가 당연히 십일조와 헌물을 아낌없이 드려야 하는 이유도 여기에 있습니다. 그러나 우리가 재 정에 대한 하나님의 뜻을 잘 알지 못한다면 우리에게 온 재물이 하나님의 뜻과 상관없이 쓰이고 맙니다. 결국 하나님의 축복의 약속을 얻지 못하는 안타까운 일이 생기는 것입니다.

2. 순종하는 마음이 있어야 한다

사무엘이 가로되 여호와께서 번제와 다른 제사를 그 목소리 순종하는 것을
좋아하심 같이 좋아하시겠나이까 순종이 제사보다 낫고 듣는 것이 수양의 기
름보다 나으니 (삼상 15:22).

사울은 이스라엘 최초의 왕이었습니다. 그는 왕으로 선택되자 나귀
뒤에 숨을 정도로 아주 겸손한 사람이었습니다. 그러나 정작 왕이 되자
그 이전의 겸손한 마음은 사라지고 교만해지기 시작했습니다. 그래서 제
사장만이 드릴 수 있는 제사를 대신 드리는 실수를 저지르고, 하나님께서
는 그를 버리시는 대신 다윗을 새 왕으로 선택하셨습니다. 다윗은 하나님
이 보시기에 합당한 인물이었습니다. 그는 일생 동안 하나님의 명령에 순
종하고 찬양하는, 신실하기로 유명한 인물입니다. 그가 지은 시편을 보면
하나님을 얼마나 기뻐하였고 찬양하였는지를 잘 알 수 있습니다.

하나님의 명령에 순종하는 마음은 하나님께서 기뻐하시는 성품입니
다. 그러므로 하나님으로부터 재정적인 형통함의 축복을 얻기 위해서는
언제나 하나님의 뜻에 순종해야 하는 것입니다. 그러나 돈으로 하나님의
뜻을 따르는 것은 쉽지 않습니다. 돈의 배후에는 탐욕이 도사리고 있기
때문입니다. 아무리 믿음이 좋은 사람일지라도 탐욕을 다스리기는 어렵
습니다. 탐욕의 근원은 사탄에게서 오는 것으로 순식간에 하나님과의 관
계를 파괴하고 교회공동체를 무너뜨립니다.

베드로가 가로되 아나니아야 어찌하여 사단이 네 마음에 가득하여 네가 성
령을 속이고 땅값 얼마를 감추었느냐 (행 5:3)

아나니아와 삽비라는 초대교회 인물입니다. 그들 부부는 초대교회에 하나님의 은혜가 쏟아져서 앉은뱅이가 일어서고, 죽은 사람이 생명을 얻고, 귀신이 쫓겨나는 것들을 보고 살아계신 하나님이 사랑하는 자녀들에게 역사하심을 체험한 사람들이었습니다. 그래서 그들은 그 시대의 관행을 좇아 재산을 팔아 교회에 드리기로 작정하였습니다. 참 아름다운 신앙의 열매였습니다. 그러나 갑자기 그는 재산을 팔아서 난생 처음 큰돈을 보자 그만 아까운 생각이 들었습니다. 그래서 일부를 감추려는 욕심이 생겼습니다. 사실, 그 재산은 그들 부부의 것으로, 팔아서 교회에 드리는 것은 자유로운 선택이었지 강요해서 드려지는 것이 아니었습니다. 그러나 안타깝게도 그들 부부는 성령을 속이는 죄를 저지른 결과 둘 다 한날에 죽임을 당하는 비극의 주인공이 되고 말았습니다.

큰돈 앞에는 언제나 탐욕의 그림자가 어른거립니다. 그 탐욕은 사탄으로부터 온 것으로 여기에 넘어가면 차라리 돈이 없었던 것보다 못한 결과를 초래합니다. 그러므로 하나님께서는 큰돈을 관리할 능력이 없는 사람들에게는 큰돈을 허락하지 않으십니다. 가난하게 살더라도 하나님을 섬기는 삶 가운데에서 기쁘게 살아갈 수 있고 또한 가난이 천국에 들어가는 데에 전혀 문제 되지 않습니다. 그러나 큰돈 때문에 시험에 들고 결국 가정이 파괴되고, 하나님과의 관계도 멀어져 재산 전부를 다 잃어버리는 사람들을 도처에서 많이 볼 수 있습니다. 그러므로 하나님에게 큰돈을 요구하기 전에 그 돈을 관리할 수 있는 능력을 갖추고 키워나가야 합니다.

하나님의 뜻을 아는 것은 중요한 일입니다. 그것을 알지 못하면 열심히 행한다는 것 자체가 무의미한 일입니다. 그러므로 우리를 향하신 하나님의 뜻이 무엇인지 확실하게 깨닫는 것이 중요합니다. 그 뜻을 알고 깨닫기 위하여 성경을 잘 살펴 읽고, 기도와 묵상으로 하나님의 인도를 받으며, 전문가를 통하여 자신이 원하는 분야에 대해 공부해야 합니다. 그러나 정작 하나님의 뜻을 알았다고 하더라도 순종하지 않는다면 차라리 몰랐던 편이 훨씬 났습니다. 처음부터 하나님의 뜻을 몰랐다면 동정 받거나 정상참작될 수 있을지도 모릅니다. 그러나 뜻을 알고도 행하지 않는다면 하나님 앞에 악을 쌓는 것입니다. 하나님은 우리 마음의 중심을 보고 계십니다. 그러므로 하나님의 뜻을 행하는 데에 방해 요소들이 많아도 그것을 기꺼이 행하고자 하는 순종의 마음을 기뻐하시는 것입니다.

3. 충성하는 자세가 필요하다

> 태초에 하나님이 천지를 창조하시니라(창 1 : 1).

성경의 맨 처음 말씀은 하나님께서 이 세상을 만드셨다는 것입니다. 하늘과 땅을 만드시고, 이 땅에 살아가는 동식물도 만드시고 마지막으로 자신의 형상대로 사람을 만드셨습니다. 그러므로 이 세상의 주인은 하나님이십니다. 금과 은 같은 온갖 재물의 주인도 하나님이십니다. 천하 만물 중 그 분의 손길이 닿지 않은 것은 아무것도 없기 때문입니다.

그렇다면 돈은 무엇일까요? 돈은 여러 가지 재물을 물물교환하기 위해 일정한 가치를 측정하고 교환하려는 수단으로 만들었습니다. 돈 그 자체는 가치를 가지고 있지 못하지만 다른 중요한 재물로 바꿀 수 있기 때문에 귀중히 여김을 받는 것입니다. 식당에서 음식을 먹을 수 있는 식권이 음식 값과 동일하게 여겨지는 것은 음식과 바꿀 가치가 있기 때문입니다. 그러나 식당에서 식권을 받지 않는다면 그것은 휴지 조각에 불과할 것입니다. 그러므로 돈도 재물과 맞바꿀 수 없다면 역시 쇠 조각이나 종이에 지나지 않습니다. 결국 우리가 그렇게 갖고 싶어 하는 돈도 알고 보면 재물과 자격이 동등하며, 재물의 주인은 하나님이시기 때문에 돈의 주인도 하나님이라는 것을 알게 됩니다.

때로 우리는 자신의 시간과 노동을 투자하여 돈을 번다고 생각합니다. 그러나 성경은 이 역시 우리의 생각과 다르다는 것을 말해줍니다.

> 네 하나님 여호와를 기억하라 그가 네게 재물 얻을 능을 주셨음이라 이같이 하심은 네 열조에게 맹세하신 언약을 오늘과 같이 이루려 하심이니라(신 8 : 18).

하나님은 우리가 돈을 벌 수 있는 능력도 역시 하나님께서 공급하셨음을 말씀하십니다. 우리의 힘과 노동을 통해 돈을 얻는다 할지라도 하나님이 주신 지식과 지혜와 건강이 없다면 돈을 벌 수 없다는 것을 깨닫고, 돈의 소유권이 하나님께 있다는 것을 인정해야 합니다. 결국 우리는 하나님의 돈을 맡아 관리하는 관리자의 자리에 있는 것입니다.

관리자의 자세

회사에 취직을 하면 말단사원으로 일하기 시작하여 시간이 가고 연륜이 쌓이면서 점차 높은 직책을 맡게 됩니다. 그리고 성함 앞에 그 직책을 호칭하게 됩니다. 계장이나 대리, 과장, 부장, 이사와 같은 직책이 붙는 것은 관리자라는 것을 말해 주며 뒤의 직책을 맡을수록 더 중요하고 책임 있는 자리에 있다는 것을 알게 됩니다. 이 직책의 의미는 관리자라는 것이고 관리자에게 주어지는 의무는 주인을 대신해 회사를 경영하여 많은 수익을 남기도록 성실하게 일하는 것입니다. 그 대가로 회사에서는 월급을 주고 여러 가지 일에 필요한 경비나 장비를 마련해 주기도 합니다. 관리자는 회사의 주인이 아니라 단지 회사의 재산을 관리하는 직책이므로 주인의 뜻을 따라 성실하게 수행해야 할 의무를 가지고 있습니다. 그렇게 하지 않는다면 회사에서 당장 쫓겨나고, 관리자로서의 의무를 책임 있게 이행하지 않으면 회사의 손실액을 변상해야 할 경우가 생깁니다.

마태복음 25장에 보면 유명한 달란트의 비유가 나오는 데, 그 이야기를 줄여보면 주인은 3명의 종을 불러 각각 1달란트, 2달란트, 5달란트의 돈을 주고 장사를 시킵니다. 그리고 오랜 시간이 지난 후 돈을 맡긴 종들을 불러 성실하게 주인의 뜻을 좇아 두 배의 수익을 남긴 종들에게는 칭찬한 뒤 더 많은 돈을 다시 맡겨 주었습니다. 하지만 돈을 묻어 놓고 주인의 뜻을 거역한 종에게는 게으르고 악한 종이라고 책망하면서 있는 것까지 빼앗고는 내쫓아 버린다는 내용입니다. 이 비유에서 주인은 하나님이시고 돈을 맡긴 종은 우리입니다. 하나님은 우리에게 자신의 돈을 맡겨주십니다. 그렇다면 이에 대해 우리가 가져야 할 자세는 성실함입니다. 성실하다는 것은 충성스럽고 부지런하게 주인의 뜻을 따른다는 것입니다. 만약, 우리가 하나님께서 맡겨 주신 돈을 성실하게 관리하지 않고 우리 마음대로 써 버리거나 방치해 둔다면 주인이신 하나님께서 우리에게 맡겨 주신 돈을 회수해가고 책망하시면서 더 이상 우리에게 많은 돈을 맡기지 못할 것이 분명합니다.

그러므로 우리는 우리 돈의 소유자가 하나님이심을 분명히 알아야 합니다. 하나님의 돈이냐? 나의 돈이냐? 하는 질문에 대한 대답을 안다면 그 다음에 우리가 취해야 할 태도가 결정됩니다. 우리가 아직도 돈에 대한 소유권을 주장한다면, 인간의 지식과 지혜와 경험에 의지하여 인생을 살아가야 할 것입니다. 하나님께서 개입할 자리를 전혀 내주지 않는 태도입니다. 본인의 욕심을 위해 하나님께 기도로 간구한다면 그것은 하나님의 뜻에 어긋나며 어떠한 도우심도 얻을 수 없습니다. 하나님은 공의로운 분이십니다. 누구에게나 동일한 원칙으로 적절히 적용하고 계십니다. 우리가 가진 재정적인 문제를 해결하거나 도움을 원한다면 당연히 하나님의 원칙을 철저히 순종하며 성실히 이행해야 할 것입니다.

4. 굳센 의지도 필수적이다

역사책을 읽다보면 탐관오리라는 이야기가 심심찮게 나옵니다. 요즘 말로 하자면 부패한 공무원이라는 뜻이 될 겁니다. 부패한 내용이나 정도는 다 다르겠지만 공통분모는 자신의 권한을 이용하여 뇌물을 받고 편의를 봐주거나 중요한 정보를 넘겨 주어 뇌물 제공자가 불의한 이익을 취하도록 했을 것입니다. 그렇다고 그들이 불의한 일을 즐겁게 했을 리는 만무합니다. 들키면 자리에서 쫓겨나는 것은 물론이고 엄청난 벌금이나 배상금을 물어야 할지도 모를 위험천만한 일을 하는 것은 그 대가로 얻는 엄청난 돈의 유혹이 있기 때문입니다.

돈의 힘

"돈이면 죽은 자도 살린다."라는 말이 있습니다. 물론 그 말은 돈이면 안 되는 일이 없다는 것을 강하게 표현한 것으로 그만큼 돈의 힘은 막강합니다. 현대를 사는 사람들은 돈의 엄청난 위력을 실감하고 있습니다.

국가 간의 전쟁을 치르더라도 고성능 폭탄과, 첨단무기를 가진 나라의 군대가 승리합니다. 이 고성능 폭탄과 첨단 무기들은 당연히 막대한 돈을 투자한 결과입니다. 그러므로 돈이 많은 국가나 단체나 개인은 대단한 힘을 가지고 있습니다.

이 힘은 우리에게 많은 유혹을 던져 줍니다. 길에 천원이 떨어져 있는 것을 보고 마음에 동요할 사람은 없을 것입니다. 그러나 그 액수가 10만 원이라면 이 돈을 파출소에 신고하여 주인을 찾아 주어야 할지 가져야 할지 심각한 고민에 빠지게 됩니다. 길에 떨어진 돈이 1억 원이라 한다면 대부분의 사람들은 자신이 소유하고 싶은 유혹을 떨쳐버리지 못할 것입니다. 이 유혹의 힘은 하나님의 자녀인 우리들에게도 똑같이 강력하게 작용합니다. 그래서 우리는 "하나님의 명령에 따라서 거룩한 성품을 지니고 살 것인가?" 아니면 "탐욕의 힘에 굴복할 것인가?"하는 선택의 갈림길에 설 때가 적잖이 있게 됩니다. 회사에서 근무하는 회사원들도 거래처의 은밀한 제안을 뿌리치기 힘들고, 공무원이라면 더욱 힘들 것입니다.

그러나 문제는 이 힘에 굴복을 하면 사탄이 우리를 자신의 노예로 삼는다는 데에 있습니다. 순간적으로 부자가 될 수 있다는 생각과 빚을 갚을 수 있다는 유혹에 판단력이 흐려져 죄의 힘 앞에 한번이라도 굴복하면 사탄은 정죄감을 불어 넣고 양심의 부르짖는 소리를 듣지 못하도록 귀를 막아 버립니다. "너는 죄인이다." "너는 이미 더러워진 몸이야." 속삭이면서 그동안 가졌던 깨끗한 마음과 순수한 신앙을 마비시킵니다.

결국 시간이 지나면서 하나님과의 관계는 점점 멀어지고 세상 즐거움에 빠져 술과 쾌락을 찾게 되며 사탄의 노예로 안타까운 파멸을 맞게 됩니다. 아무리 하나님 앞에서 거룩한 성품을 지니고 살아왔다 하더라도 이러한 강력한 사탄의 유혹 앞에서는 무력해지며 오랫동안 쌓은 신앙의 탑이 순간적으로 무너져 내립니다. 그리고 하나님은 이 사실을 잘 알고 계십니다.

시험과 훈련

어떤 어려움 앞에서도 흔들리지 않는 강력한 의지를 지닌 이미지를 떠올리라고 하면 우리는 흔히 군에서 보초를 서는 군인을 연상합니다. 구릿빛 얼굴, 탄탄한 체격, 날카로운 눈매, 꽉 다문 입술 …. 어느 곳에서도 빈틈을 찾을 수 없는 모습입니다. 그러나 이 완벽해 보이는 군인도 처음 훈련소에 입소할 때에는 게으르고 연약한 품성, 공부밖에 모르던 연약한 소년이었을지 모릅니다. 그러나 힘든 훈련과 어려운 역경을 거치면서 정신력이 굳세어지고 지칠 줄 모르는 체력과 강력한 투지가 생겨나 아무리 힘든 임무라도 거뜬히 해내는 씩씩한 군인으로 변모합니다.

하나님께서는 당신의 재물을 맡아서 관리하는 관리자를 원하십니다. 그러나 많은 사람들은 돈의 유혹 앞에서 약한 모습을 보이며 거절하지 못한 채 심각한 파멸의 구렁텅이로 빠져 들게 됩니다. 그래서 하나님은 많은 시험과 훈련을 통하여 굳센 의지를 지닌 전사로 만드신 후에야 당신의 재산을 맡기게 됩니다. 그러나 돈 앞에서 굳센 의지는 하루아침에 얻어지는 것이 아닙니다. 오랜 시간을 거쳐 고통스럽고 힘겨운 훈련을 받은 결과입니다.

그러므로 처음에는 작고 보잘것없었던 훈련이라도 하나님 앞에서는 철두철미한 자세를 보여야 다른 훈련 단계로 넘어가게 됩니다. 아무리 작은 돈이라도 하나님 앞에서 거짓되고 불성실하게 사용하며 탐욕과 게으른 태도를 보이는 사람이 있다면, 당연히 그는 하나님께로부터 관리자 임무를 거절당할 것입니다. 그러므로 작은 시험과 훈련일지라도 단호한 모습과 의지로 잘 이겨낸다면, 이후에 다가올 큰 유혹과 탐욕 앞에서도 흔들리지 않고 담대한 자세를 지닌 관리자로 성장할 수 있습니다. 그런 모습을 보여줄 때 하나님은 칭찬하시고 그 자녀에게 더욱 큰돈을 맡겨 주시며 그로 인해 불우한 이웃을 돕게 하시는 등 하나님 나라의 확장을 이루게 하십니다.

크리스천 재정에 대해 상담하고 사역해 오면서 안타까웠던 것은 실제로 우리나라에 이같은 청지기가 많지 않다는 것이었습니다. 미국의 신앙 열기가 우리나라보다 뜨겁지 못하다고 생각하는 분들이 많은 줄로 압니다. 대개 그런 분들은 새벽기도도 없고 수요예배도 없고 철야기도회도 없다고 하면서 우리만이 가진 열정적인 예배 태도나 신앙을 칭송하며 자랑스러워합니다.

그러나 미국의 성도들이 선교 사업을 하고 이웃을 도와주며 하나님 나라를 확장하는 데 힘쓰는 것을 보면 우리는 참 보잘것없게 느껴집니다. 사실, 6·25 전쟁의 암울한 시절에 우리는 복음과 함께 수많은 구제의 손길을 받았기 때문에 생존했습니다. 이제 우리도 그 일을 나누어 맡아도 될 만한 경제력을 갖추고 신앙도 성숙해졌습니다. 그러나 아직까지 우리 한국교회는 선교나 구제를 하기보다 교회의 건축이나 확장에 더 힘을 쏟는 것이 현실입니다. 따라서 미국의 신앙이 식었다고 하더라도 하나님께서는 아직도 미국의 성도들에게 엄청난 부를 안겨주시며 당신의 사역을 감당케 하도록 하십니다.

우리에게 맡겨진 돈이 하나님의 것이며 우리는 단지 관리자에 불과하다는 것을 깨닫고 하나님의 뜻에 따라 그분께서 주신 부를 사용해야 합니다. 그러므로 우리에게 필요한 자세는 순종하는 마음과 성실한 태도, 그리고 온갖 유혹을 뿌리칠 수 있는 굳센 의지입니다. 이러한 자세에 합격하기만 한다면 하나님의 엄청난 재산을 맡아서 우리 자신뿐 아니라 교회도 재정적인 풍족함을 누릴 수 있고, 하나님나라의 사업에 귀히 쓰이는 축복받은 관리로서 더 큰 사역을 감당할 수 있습니다.

둘째 비밀

실력을 갖추어라

또 어떤 사람이 타국에 갈 제 그 종들을 불러 자기 소유를 맡김과 같으니 각각 그 재능대로 하나에게는 금 다섯 달란트를, 하나에게는 두 달란트를, 하나에게는 한 달란트를 주고 떠났더니…(중략) 다섯 달란트 받았던 자는 다섯 달란트를 더 가지고 와서 가로되 주여 내게 다섯 달란트를 주셨는데 보소서 내가 또 다섯 달란트를 남겼나이다 그 주인이 이르되 잘 하였도다 착하고 충성된 종아 네가 작은 일에 충성하였으매 내가 많은 것으로 네게 맡기리니 네 주인의 즐거움에 참예할찌어다 하고…(중략) 한 달란트 받았던 자도 와서 가로되…(중략) 그 주인이 대답하여 가로되 악하고 게으른 종아 나는 심지 않은데서 거두고 해치지 않은데서 모으는 줄로 네가 알았느냐 (마 25 : 14~26)

이 이야기는 유명한 '달란트 비유' 입니다. 달란트는 후에 'talent' 의 어원이 되어 '재능' 으로 해석하는 설교자들이 많지만 이는 후대의 일이고, 당시의 달란트는 무게를 재는 척도로써 금 한 달란트는 약 6,000데나리온이라는 돈의 단위였습니다. 한 데나리온은 힘센 장정의 하루 품삯이었으므로 요즈음 일당 5만 원으로 계산하면 금 한 달란트는 약 3억 원의 큰돈이 됩니다. 즉 그 주인은 자신의 종에게 3억, 6억, 15억이라는 어마어마한 돈을 베팅한 것입니다. 고대에는 전쟁에서 진 나라의 백성들을 포로로 잡아 노예로 삼았습니다. 학식이 높은 노예는 비서로 삼아 글을 기록하게도 했으며 장사에 재능 있는 노예는 이렇게 주인의 사업을 대신하는 일도 하였습니다. 그 당시의 장사는 소금이나 상아 같은 값비싼 상품을 생산지에서 낙타에 싣고 무리 지어 먼지가 풀풀 나는 사막을 수개월 동안 횡단하여 많은 이윤을 내고 되파는 고된 노동이었습니다. 또, 이동 시에는 상품을 호시탐탐 노리는 도적을 만날 위험에 항상 노출되는 일이기도 하였습니다. 그러므로 그 당시의 장사는 엄청난 돈을 벌어 부자가 되게 해주지만 때에 따라서 원금뿐만 아니라 목숨까지도 잃을 위태로운 도박 같은 일이었습니다.

세상을 지으시고 세상 재물의 주인이신 하나님께서 당신의 자녀인 우리들에게 필요한 것들을 채워 주시지만, 하나님의 사업을 위해 큰돈을 맡겨 주시는 사람은 많지 않습니다. 많은 사람들은 믿음으로 간절하게 기도하면 응답해 주신다는 약속을 믿고 기도합니다. 그래서 불치의 병이 치유되고 귀신이 쫓겨 나가는 것을 보고 하나님께 영광을 돌립니다. 그러나 재정 형통을 위한 기도는 쉽게 응답이 오지 않습니다. 이는 믿음과 기도만으로는 주시기에 너무 위험하기 때문입니다. 즉 큰돈을 맡을 자격이 없는 사람에게 돈은 재앙이 되고 영혼을 잃는 무서운 흉기로 둔갑할 수 있기 때문입니다. 그래서 하나님은 자신의 재물을 맡을 관리자의 자격을 제한하시고 오로지 충성스러운 소수의 자녀에게만 허락하십니다.

위의 비유에서 하나님은 자신의 재산을 불려줄 수익성 높은 종을 원하신다고 밝히고 있습니다. 그러나 오해하지는 마십시오. 하나님은 단순히 많은 돈을 버는 종을 원하시는 것이 아니라 고되고 위험한 노동에도 불구하고 자신의 뜻에 충성하는 종을 기뻐하시며 흡족해 하십니다. 하나님은 우리에게 맡긴 재능과 재물을 지혜롭게 관리하고 수익성을 높게 불리는 실력 있는 종을 원하십니다. 한 달란트를 맡았던 종이 그 돈을 고스란히 도로 가져왔을 때 고된 노동을 회피한 데 대하여 게으름뿐만 아니라 그를 악하다고까지 책망하신 이유는 하나님 뜻대로 행하지 않는 자가 곧 악인이기 때문입니다. 그렇지만 하나님을 기쁘시게 한두 달란트, 다섯 달란트를 받은 종은 엄청난 중책을 다시 맡게 됩니다. 하나님은 쩨쩨한 하나님이 아닙니다. 6억, 15억을 맡은 종이 충성스럽게 일을 잘 처리하자 "그 주인이 이르되 잘 하였도다 착하고 충성된 종아 네가 작은 일에 충성하였으매 내가 많은 것으로 네게 맡기리니 네 주인의 즐거움에 참예할찌어다"(마25:21)라는 시원스런 제안을 하십니다. 6억, 15억이 적은 돈이라면 많은 돈은 도대체 얼마나 큰돈이겠습니까? 아마 수십 억, 수백 억 원 이상의 엄청난 돈일 것입니다.

하나님은 준비된 사람을 사용하신다

인생에는 연습이 없다는 말이 있습니다. 연습이란 행동의 결과로 인한 손해가 없도록 실력을 쌓기 위해 실전과 똑같이 설정해 놓는 것입니다. 그러므로 연습 상황에서는 아무리 잘못한 결과라도 책임을 지지 않습니다. 삶에 연습이 없듯이 돈을 사용하는 것에도 연습이 없습니다. 한 순간의 잘못으로 결정한 사항이라도 되돌릴 수가 없습니다. 그 행동에 대한 책임을 져야 합니다. 그래서 보증을 잘못 서거나 잘못 투자해서 엄청난 빚을 진 신용불량자로 악성부채의 수렁에 빠져 평생 그늘에서 신음하는 사람들을 주위에서 쉽게 볼 수 있습니다.

그런 위험을 잘 알고 계신 하나님은 아마추어를 세우셔서 자신의 돈을 관리하게 하시지 않습니다. 잘못되었을 때 영혼을 잃게 되는 엄청난 결과를 초래할 만큼 돌이킬 수 없는 위험한 권리라는 것을 누구보다 잘 알고 계시기 때문입니다. 따라서 실력과 경험을 갖춘 프로를 사용하시는 것은 당연한 일입니다. 프로는 그 직업을 통하여 자신과 자신 가족의 생계비를 버는 사람들을 일컫습니다. 그래서 스포츠나 취미 등 여러 방면에서 프로 선수들은 그들의 실력과 함께 그의 버는 돈으로 유명합니다. 그래서 야구나 골프 등 우리나라 출신 선수들이 미국이나 세계무대에서 놀라운 실력으로 많은 돈을 벌고 있다는 것은 잘 아는 사실입니다. 그러나 프로의 세계는 험난합니다. 자칫 방심하거나 실수를 한다면 돈과 명예를 순식간에 잃어버리게 됩니다. 하나님은 자신의 돈을 맡는 관리자도 당연히 프로의 실력을 갖춘 사람을 사용하실 것입니다. 돈 관리에 있어서 프로란 어떠한 일을 맡겨도 능숙하고 훌륭하게 관리하여 높은 수익을 남기고 그 돈으로 하나님의 뜻에 맞게 적절히 사용하는 사람을 말합니다.

어떤 준비를 갖추어야 할까요?

1. 돈의 속성을 알아야 한다

돈이란 우리가 세상을 살아가는 데 꼭 필요한 필수품을 구입하고 구매하는 데 매개체로 쓰이는 수단입니다. 그래서 사람들은 평생 돈을 생각하고, 돈을 모으고, 돈을 쓰는 데 시간을 보내고 있다고 해도 과언이 아닙니다. 그만큼 돈은 모든 사람들의 관심과 소유의 대상이 되고 있습니다. 그러나 사람들이 생각하는 것처럼 돈이 많이 있다고 해서 행복한 것도 아니고 돈이 많지 않다고 해서 불행한 것도 아닙니다. 단지 돈이 없다면 조금 불편할 따름이라고 말하면서 돈에 대한 욕망을 떨쳐버린 사람도 있습니다. 그렇지만 대부분의 사람들은 돈만 있으면 원하는 모든 것을 얻을 수 있고 기쁘고 행복하게 살아갈 수 있을 것이라고 생각합니다. 그렇지만 로또 복권에 당첨되어 하루아침에 거부가 된 사람들도 돈에 대한 지식과 돈 관리에 대한 지혜가 부족하여 친구나 친척이나 가족들과 헤어지고, 쾌락을 추구하는 데 몰두하여 건강을 잃고, 성실한 생활 태도나 신성한 일의 즐거움을 잃어버린 채 폐인이 된 사람도 적지 않습니다. 미국의 통계에 따르면 복권 당첨이 된 이후로 20년이 지난 후의 삶을 살펴보니 전보다 더 행복한 삶을 살고 있다고 한 사람은 단 한 명도 없습니다. 오히려 삶이 황폐해져 그 많은 재산을 잃어버리고 빈곤하게 살고 있거나 이미 건강을 해쳐 죽었거나 돈과의 갈등으로 괴로워하다가 자살한 사람도 있었다고 합니다. 이것은 그들이 돈의 속성을 알지 못하고 돈 관리에 대한 능력도 없었기 때문입니다. 그 결과 그들이 돈을 소유한 것이 아니라 결과적으로 돈이 그 사람을 소유하게 된 것입니다.

돈은 누구에게나 필요하다

돈이 없다면 사람들은 삶을 제대로 살아갈 수가 없을 겁니다. 생계를 이어 가는 데 필요한 음식이나 의복 그리고 거주할 곳을 얻지 못하기 때문입니다. 아프가니스탄이나 아프리카의 가난한 나라를 보면 알 수 있듯이 내전으로 농사를 제대로 짓지 못하고 자연 재해로 먹을 것이 없어서 굶주려 죽어 가고 있다는 보도를 통해 이러한 불행한 일을 알게 됩니다. 하나님은 자녀 된 우리들에게 신성한 노동을 통해 먹을 것과 입을 것 등

삶에 필요한 것을 공급하시겠다고 말씀하십니다. 그러므로 우리가 게으르지만 않다면 우리에게 필요한 것을 공급해 주십니다. 그러나 하나님의 약속을 믿고 감나무 아래서 입만 벌리면서 감이 떨어지기를 기다리는 것은 어리석고 미련한 행동입니다. 이런 행위는 하나님의 응답을 받을 수 없습니다.

게으름이 사람을 깊이 잠들게 하나니 해태한 사람은 주릴 것이니 라(잠
19 : 15)

탐욕을 경계하라

저는 유선방송인 내셔널 지오그래픽 채널을 자주 보는 편입니다. 그 중에서도 아프리카 대초원에서 야생동물들이 뛰어노는 장면은 세상에서 피로에 지친 머리를 시원하게 식혀 주기도 합니다. 그 장면에서 재미있게 본 것은 사자들이 사슴이나 영양과 같은 먹이들도 자신이 배고플 때만 사냥하지, 일단 배가 부르면 쳐다보지도 않는다는 것입니다. 즉 그 맹수들은 사납게 보이지만 탐욕스러운 마음을 가지고 재미로 약한 짐승을 죽이거나, 필요도 없는 데 과도하게 죽여 모아두지 않는다는 것을 알게 되었습니다.

그러나 우리 인간들은 에덴동산에서 하나님과 멀어진 후 죄의 결과로 거룩하고 아름답지 못한 품성을 갖게 되었습니다. 예수님의 보혈의 공로로 하나님의 자녀가 된 이후에도 이 죄의 얼룩은 우리를 괴롭히고 있습니다. 그 중의 하나가 좋은 것을 보면 탐욕스럽게 소유하고자 하는 마음입니다. 특히 모든 것을 소유할 수 있는 돈 앞에서 수많은 사람들이 탐욕스러운 마음을 드러냅니다. 그러므로 우리는 이 탐욕스러운 마음의 위험성

을 잘 알아야 합니다. 성경은 이 탐욕의 근원이 어디인지 밝히 말하여 주고 있습니다.

> 부하려 하는 자들은 시험과 올무와 여러 가지 어리석고 해로운 정욕에 떨어지나니 곧 사람으로 침륜과 멸망에 빠지게 하는 것이라 돈을 사랑함이 일만 악의 뿌리가 되나니 이것을 사모하는 자들이 미혹을 받아 믿음에서 떠나 많은 근심으로써 자기를 찔렀도다(딤전 6:9~10).

돈을 탐욕스럽게 소유하려는 마음은 악의 뿌리가 되며, 이 악은 사탄에서 출발하고 있음을 말해줍니다. 그러므로 우리는 돈을 소유하고자 하는 탐욕스러운 마음을 경계하지 않는다면 차라리 가난하게 사는 것보다 못한 결과를 초래하게 됩니다.

> 베드로가 가로되 아나니아야 어찌하여 사단이 네 마음에 가득하여 네가 성령을 속이고 땅값 얼마를 감추었느냐 (행 5:3)

아나니아는 하나님 앞에 재산을 드리는 아름다운 마음을 가졌고 이를 실천했는데도 탐욕이라는 사탄의 덫에 걸려 아내와 함께 죽임을 당하는 불행한 인물이 되고 말았습니다. 이처럼 사탄은 으르렁거리는 사자처럼 믿는 사람들의 주위를 배회하며 틈을 노리고 있습니다. 더욱이 많은 돈의 배후에는 사탄의 날카로운 눈초리가 번득이며 노려본다는 것을 깨달아 경계하고 잘 대처해야 합니다.

2. 돈을 관리하는 능력을 갖추어야 한다

앞서 말씀드린 것처럼 우리는 우리에게 공급된 돈의 소유자가 아니라 관리자입니다. 그렇다면 관리자가 갖추어야 할 능력은 당연히 맡은 일을 잘 관리하는 능력일 것입니다. 그럼 이 능력들을 자세히 살펴보겠습니다.

계획을 잘 세우는 능력

> 너희 중에 누가 망대를 세우고자 할진대 자기의 가진 것이 준공하기까지에
> 족할는지 먼저 앉아 그 비용을 예산하지 아니하겠느냐 (눅 14 : 28)

계획력은 계획을 잘 세우는 능력을 말합니다. 예수님께서는 망대와 같이 보초를 서는 간단한 건축물을 지을 때에도 돈이 얼마나 드는지, 시일이 얼마나 소요되는지, 인원은 몇 명이 있어야 되는지를 앉아서 꼼꼼하게 따져보고 나서 계획을 세워 준비를 갖추고 건물을 지어야 한다고 말씀하십니다. 그런 마스터플랜 하나 없이 주먹구구식으로 그때그때 생각나는 대로 지으면 튼튼하고 아름다운 건물이 지어질 수 없는 것은 너무나도 분명한 일입니다. 관리자의 능력 중에 계획을 세우는 능력이 있어야 되는 것도 마찬가지입니다. 그렇다면 잘 준비된 계획을 세우기 전에는 무엇이 필요할까요?

목표가 있어야 한다

크리스천 재정 관리에 대한 목표는 일단 두 가지로 나눠 볼 수 있습니다. 먼저, 우리에게 필요한 돈을 얻기 위한 목표입니다.

1) 일반적인 목표

일반적인 목표란 우리가 살아가면서 필요한 목표를 말합니다. 그것은 사람마다 다르기는 하겠지만 일반적으로 부채 해결, 주택마련 자금, 자녀 교육비, 자녀 결혼자금, 노후 생활비 등이 있을 겁니다. 이런 목표들은 기간이나 금액이 다 다를 것입니다. 예를 들어 주택마련 자금이 가장 먼저 필요하겠고 노후 생활비는 가장 늦게 필요한 돈일 것입니다. 돈의 액수도 각 가정에 필요한 금액에 따라 맞추어 세우면 됩니다. 그러나 이러한 금액들은 대부분 엄청나게 큰 금액들이고 오랜 시간에 걸쳐 준비될 수밖에 없기 때문에 장기적인 계획과 단기적인 목표를 정하고 마련해 나가야 합니다.

2) 선교와 구제를 위한 목표

우리 크리스천에게는 세상 사람들과는 다른 목표가 또 하나 있습니다. 그것은 하나님의 자녀로서 하늘나라 확장을 위한 선교와 불우한 이웃을 구제하기 위한 목표입니다. 우리에게 공급된 돈은 하나님이 주인이시기 때문에 그분의 뜻을 좇아 이러한 목표를 잘 세우는 것이 중요합니다. 선교 목표도 나름대로 다 다릅니다. 교회 건축, 선교비용 마련, 선교기관 지원 자금 등 여러 가지가 있을 것입니다. 이웃을 구제하기 위한 자금도 양로원, 고아원, 실버 타운 등 각 목표에 따른 자금이 필요합니다. 그러므로 이러한 목표를 잘 세우고 그 목표에 따른 구체적인 계획을 세워야 합니다.

3) 구체적인 예산안 수립하기

목표를 세웠다고 일이 끝난 것은 아닙니다. 구체적인 계획안이 마련되어야 합니다. 계획은 목표에 따라 기간별로 마련해야 할 금액을 정해야 합니다. 그렇다면 매달 달성해야 할 저축 목표와 투자 목표가 있을 것입니다. 우선 저축을 하려면, 수입에서 비용을 제외한 금액이 저축인데, 각 가정에 필요한 지출 항목과 그에 따른 금액도 구체적으로 알고 예산을 편성해야 합니다. 이러한 구체적인 예산안을 수립하지 않는다면 목표는 머릿속에만 있을 뿐 현실로 나타나지 못하며 오래가지 못해 마침내 흐지부지 될 것입니다.

어떻게 실천할 것인가?

보통 가정에서의 저축 목표는 자녀교육비 마련, 노후대책 자금, 주택 마련비 등이며 이외에 선교자금 마련이 있습니다. 그렇다면 이 예산안을 구체적으로 실천하기 위해 가장 손쉽게 할 수 있는 방법이 가계부를 기록하는 것입니다. 가계부는 가계 즉, 가정에서 일어나는 수입과 지출 목록을 꼼꼼하게 기록하는 장부입니다. 전에는 우리나라도 가계부를 잘 기록하고 열심히 저축하는 분위기였으나 지금은 소비하는 분위기로 많이 바뀌어서 좀체 그런 예를 보기가 어렵습니다.

그러나 하나님의 돈을 관리하는 관리자는 당연히 하나님의 돈을 관리하는 자세로 가계부를 기록해야 합니다. 보통 가계부는 시중 서점에서 판매하는 책으로 된 가계부도 있으며 인터넷에서 전자 가계부 서비스를 하는 사이트도 많이 있습니다. 이렇게 가계부를 기록하는 방법 외에 간편한 방법으로는 봉투별로 지출 항목을 나누어 넣어 두고 빼어서 쓰는 것이 있습니다.

지출에는 고정비용과 변동비용이 있는데, 고정비용은 십일조, 식비, 아파트 관리비, 전기 수도 가스 비용 등 고정적으로 지출되는 비용이고, 변동비용은 용돈이나 경조사비, 자녀 사교육비, 영화나 여행 등에 필요한 문화비용입니다. 저축은 수입에서 비용을 제외한 나머지에서 해야 하는

데, 수입을 갑자기 늘리는 것은 쉽지 않습니다. 물론 부업 등을 통해 수입을 늘릴 수도 있지만, 무엇보다도 효율적으로 저축하려면 지출을 줄여야 합니다. 그러나 지출을 줄이기 위해서는 절제하고 아껴 쓰는 생활 습관이 온 가족에게 필요합니다. 즐거운 일이 아니므로 처음에 지속적으로 지출을 통제하는 일에 많은 신경을 써야 하며 배우자뿐 아니라 자녀들이 화합하여 한마음으로 저축 목표를 달성해야 합니다. 평소 이렇게 절제하는 습관을 들이지 않는 가정의 경우에는 처음 3개월 동안이 고비입니다. 그럴 때일수록 서로 격려하는 가운데 풍요로운 미래의 재정을 위해 참고 견디는 지혜가 필요합니다.

하나님께서는 말로만 하는 사람보다 말은 적게 하되 행동으로 옮기는 실천력이 강한 사람을 좋아하십니다. 왜냐하면 실천을 통해서만 결과를 낳을 수 있기 때문입니다. 하나님은 능력을 보여 주는 사람에게만 사역을 맡기기 원하십니다.

하나님의 나라는 말에 있지 아니하고 오직 능력에 있음이라(고전 4 : 20)

3. 돈을 투자하여 수익을 올리는 능력이 있어야 한다

마태복음 25장에 나오는 달란트 비유에서 주인은 3명의 종에게 자신의 돈을 투자하여 수익을 올리라고 하였습니다. 그 중에 두 명은 장사를 열심히 하여 두 배의 수익을 올렸습니다. 주인은 그 종들을 칭찬하며 더 많은 것을 맡기겠다고 하십니다. 하나님께서 칭찬하시며 더 많은 것을 맡기겠다고 한 종들은 투자 수익을 많이 올린 종들입니다. 하나님은 자신이 맡긴 돈을 투자하여 많은 수익을 올리기 원하십니다. 그러나 대부분의 사람들은 수익을 올리는 능력은 고사하고 투자에 대해서도 잘 알지 못합니다. 그러므로 투자하기에 앞서 많은 지식과 경험을 쌓아야 합니다.

투자의 기본 개념은 무엇인가

안정성

많은 사람들이 투자를 통해 큰 수익을 올리는 것으로 알고 있습니다. 그러나 투자를 잘못하면 원금을 잃어버리는 결과가 적지 않게 일어납니다. 그러므로 투자를 해서 수익을 올리기 이전에 원금을 잃지 못하도록 안정된 상태에서 수익을 올리는 전략을 세워야 합니다. 그것이 합리적이며 건전한 생각입니다. 누구나 많은 수익을 올리고 싶어 합니다. 그러나 그런 사람일수록 투자의 세계에 문외한이거나 조급한 생각에 사로잡혀 탐욕을 내는 사람일 것입니다. 성경에서는 이런 사람들의 성품을 책망하고 있고, 실제로도 이들 대부분이 원금을 다 잃어버려서 다시 투자할 수 없는 처지에 빠지게 됩니다.

보통 투자의 귀재들이나 베테랑들이 높은 위험을 안고 많은 수익을 올리는 투자 방법을 선호할 것 같지만, 사실은 이들도 장기간에 걸친 합리적인 안정성 위주의 투자 방법을 주로 사용합니다. 따라서 투자를 처음 시작하는 초보자이거나 많은 경험이 없는 투자자는 더욱 안정성 위주의 투자를 해야 합니다. 무리한 욕심을 내어 투자를 하는 경우는 자신이 그런 위험을 충분히 알고 그 위험을 감수할 능력이 있는 투자의 고수들뿐입니다. 그러므로 고수가 하는 것을 잘못 흉내냈다가는 뱁새가 황새를 따라가는 웃지 못할 결과를 낳게 됩니다. 문제는 단 한 번의 치명적인 판단 실수로 원금을 전부 잃어버리고 재기할 수 없는 상황이 다반사로 생기는 데 이들 대부분이 바로 아마추어 투자자들입니다.

투자 상품에는 원금을 잃지 않으면서 수익성을 높일 수 있는 혜택을 주는 상품들이 많습니다. 이러한 혜택은 정부에서 저축을 장려하거나 투자를 격려하기 위해서 취해진 것인데 이러한 상품들 위주의 투자를 해야 합니다. 금융 기관들도 안정성을 위주로 투자하는 기관들을 잘 선택하여 투자해야 합니다. 안정성이 있는 상품들은 은행에서 주로 취급하는 금융상품들입니다. 은행 등의 제1금융권이나 보험회사, 상호저축은행, 농·수협 등의 제2금융권의 상품들은 1인당 5,000만 원에 한하여 원금과 이자를 국가에서 보장해 주는 예금자보호법에 따라 보호를 받기 때문에 안정성이 뛰어난 상품들입니다. 그러므로 이러한 기관을 주로 이용하면 됩니다.

또한 채권 투자나 주식 투자에 한해서도 주식보다는 채권이 상대적으로 안정성이 좋습니다. 채권에는 국가에서 발행하는 국채와 지방자치단체에서 발행하는 공채가 있고 회사에서 발행하는 회사채가 있는데, 이 중에서 국공채는 나라가 부도나지 않는 한 만기가 되면 약정금액을 주기 때문에 안정성이 뛰어납니다. 회사채에도 회사의 신용도에 따라 우량회사채와 그렇지 못한 회사채로 나누어집니다. 그것은 회사의 신용도를 전문적으로 평가해 주는 신용평가기관에서 발표한 신용등급을 참고하시면 됩니다. 예를 들면 삼성이나 포스코 등의 우량기업들은 신용등급이 높으므로 안정성이 뛰어난 채권이라고 볼 수 있습니다. 그러나 자금 사정이 좋지 않은 회사에서 발행한 채권들은 안정성이 상대적으로 떨어지므로 잘 판단해서 투자해야 합니다.

주식 투자는 상당히 위험한 투자에 들어갑니다. 그러므로 안정성으로 보면 무척 낮은 투자 상품입니다. 그러므로 개인은 직접 투자 하기보다는 펀드를 이용한 간접 투자를 해야 합니다. 직접 투자는 전문성이나 투자금액, 정보 등에 비해 뒤처지기 때문에 수익을 올리는 것은 아마추어가 프로를 이기는 것과 같습니다. 그러므로 프로 수준으로 올리는 것이 펀드를 이용한 간접 투자인 것입니다. 펀드도 종류가 다양하며 투자 성향에 따라 수준별로 적절히 투자를 할 수 있습니다. 그리고 부동산 투자도 간접 투자를 할 수 있도록 펀드 상품이 있으므로 이러한 상품의 이용은 안정성을 높이는 좋은 투자 방법입니다.

수익성

수익성은 말 그대로 투자한 원금이 수익을 낳아 원금이 불어나는 것을 말합니다. 그러므로 누구나 수익성이 높은 투자를 하고 싶어합니다. 은행 상품들은 안정성이 높은 상품들입니다. 현재 보통 정기예금 이자는 연리 3~4%대에 불과합니다. 그러나 물가상승률이 5%라면 돈이 불어나는 것처럼 보이지만 물가상승률에 따라 원금의 가치는 점점 작아집니다. 따라서 안정성 있는 투자도 중요하지만 수익성을 높일 수 있는 투자 전략을 사용하여야 합니다. 그러므로 같은 은행 예금 상품을 이용하더라도 수익성을 높일 수 있도록 이자 소득세를 면제해 주는 상품이거나 소득공제를 받는 상품을 이용한다면 수익성을 올리는 결과를 가져오게 됩니다. 그러나 이러한 혜택은 제한이 있고 소득이 적거나 예금을 장려하기 위한 당근 정책이므로 어느 정도 목돈을 가진 경우에는 적용되지 않습니다.

그러므로 투자를 잘 배우고 익혀서 스스로 위험을 안으면서도 수익성을 높일 수 있는 실력을 갖추어야 합니다. 하나님은 이러한 능력을 가진 사람들에게 자신의 돈을 맡기어서 높은 수익을 올리게 하시는 것입니다. 그렇다면 당연히 투자에 대한 지식과 경험을 쌓으면서 실력을 키우는 자세를 가져야 합니다. 세상에는 공짜가 없습니다. 노련한 투자가가 되려면 많은 경험을 통해 투자의 세계를 잘 판단하고 위험을 피해 가면서도 높은 수익을 올릴 수 있는 시기와 상품들을 환히 꿰뚫고 있어야 합니다. 그러나 초보자는 공부하는 자세가 필요합니다. 그러므로 평소에 일간신문의 경제면이나 경제신문, 그리고 금융이나 투자에 관한 책이나 잡지, 세미나 등을 통하여 열심히 배우고 익혀야 합니다. 그리고 저축하여 목돈을 만드는 과정에서 많은 경험을 가져야 합니다. 목돈이 어느 정도 형성되면 먼저 적은 돈으로 안정성 있는 투자를 하면서 투자에 대한 경험과 실력을 쌓아야 합니다. 그 과정에서 투자 전문가들의 조언을 통해 자신의 능력을 높여 나가는 것은 물론 그러한 전문가들을 주위에 많이 알아 둔다면 좋은 기회에 대한 정보도 많이 얻을 수 있습니다.

보통 수익성이 높은 상품들은 원금을 잃어버릴 위험성이 큰 상품들입니다. 그러나 안정성만 고집하다가는 수익성을 높일 수 있는 능력이나 기회를 잃어버릴 것입니다. 그러나 위험성도 투자하는 사람이 충분한 지식과 경험을 바탕으로 오랜 시간을 갖고 합리적인 투자를 한다면 생각처럼 위험하지 않습니다. 그렇기 때문에 그러한 위험을 안을 수 있는 실력을 키워야 하는 것이고 이러한 능력을 하나님께서 원하고 계시는 것입니다. 수익성이 큰 상품으로는 대체로 주식이나 부동산 투자를 들 수 있습니다. 보통 주식투자를 많은 사람들이 부정적으로 생각하지만 주식투자에 대해서 잘 알고 투자한다면 높은 수익성을 올릴 수 있는 대표적인 투자 상품입니다. 그러나 투자 특성상 너무 위험하기 때문에 펀드에 투자하는 것이 좋습니다. 특히 펀드 중에서도 성장형 상품은 주식 비중이 많이 들어가 있는 상품인데, 주식시장이 호황일 때 이를 잘 활용하면 위험하지 않게 높은 수익을 올릴 수 있습니다. 그리고 보통 2~3년마다 주기적으로 주식시장이 활황일 때가 오기 때문에 단기간 투자보다 장기간 투자를 하는 것이 좋습니다. 그러므로 낮게 평가되는 주식을 장기간 투자한다는 생각으로 투자하면 생각보다 높은 수익을 올릴 수 있습니다. 그러나 이러한 능력은 오랜 경험과 지혜에서 나오는 것이므로 실전 경험을 쌓은 후에야 가능합니다. 또한 부동산투자도 지금까지는 좋은 투자 상품이었습니다. 대규모의 자금을 장기간 투자한다면 좋은 투자 상품입니다. 그러나 부동산은 돈이 필요해서 급하게 팔려고 하면 좋은 가격에 받을 수 없는 단점이 있습니다. 그러므로 자금이 적을 때는 먼저 리츠(부동산투자 회사)펀드에 투자하면서 부동산에 대한 지식과 경험을 쌓고 능력을 키워나가면 높은 수익을 올릴 수 있습니다.

환금성

환금성은 돈으로 바꿀 수 있는 성질입니다. 환금성이 높은 상품들은 적금이나 예금 같은 것으로 원하면 얼마든지 현금으로 바꿀 수 있습니다. 주식이나 채권들은 팔아서 현금으로 만들어야 하는데 이러한 상품들은 팔기가 쉽지 않거나 급하게 팔면 제값을 받기 어려운 때도 있지만 대체적으로 환금성이 좋은 상품들입니다. 그래서 이러한 상품들을 유가증권이라고 하여 현금과 동일한 가치가 있다고 말합니다. 대체적으로 금융 상품들은 물가상승률이 높으면 인플레이션이라 하는 데 물가상승률이 높은 시기에는 상품의 취약한 면이 드러나기도 합니다. 동일한 현금이라도 시간이 지나가면 가치가 물가상승률만큼 떨어지기 때문입니다. 예를 들어, 쌀 한 가마에 1만 원 하던 시절도 있었으나 지금은 그 때보다 물가가 엄청나게 올라 쌀 한 가마를 사려면 수십 배나 드는 돈을 내야 살 수 있습니다. 따라서 이러한 상품의 취약성을 극복하려면 실물투자를 해야 합니다. 즉 현물에 투자하는 것을 말합니다. 현물은 금과 은, 보석, 미술품 따위를 말합니다. 이러한 현물투자는 물가가 올라가면 당연히 그만큼 가치가 올라갑니다. 그러나 이러한 현물투자는 전문가가 아니면 투자하기가 어렵습니다. 그래서 많이 하는 현물투자가 바로 부동산투자입니다. 부동산투자는 물가상승에 영향을 받지 않는 좋은 조건을 가지고 있습니다. 그러나 문제는 환금성이 떨어집니다. 부동산은 대규모 자금이 들어가고 수요자도 한정되어 있기 때문에 급하게 팔려고 내놓으면 잘 팔리지도 않습니다. 설령, 팔린다 하더라도 헐값으로 팔아야 하기 때문에 여유 자금으로 장기간 투자해야 합니다. 부동산에도 아파트나 주택, 상가와 같이 건물에 투자하는 경우도 있고, 토지에 투자하는 경우도 있습니다. 그래서 환금성을 조금이라도 높이려면 토지보다는 건물에, 건물에서도 수요자가 많은 편인 아파트에 투자하면 됩니다.

종자돈 만들기

투자를 하는 자금은 푼돈이 아니라 어느 정도의 뭉치 돈을 말합니다. 대체적으로 전문가들은 500만 원 내외를 목돈이라고 생각합니다. 이 목돈들이 모여 투자자금인 종자돈이 되는데, 이 종자돈을 만드는 방법은 바로 지혜롭게 저축하는 것입니다. 이러한 저축은 목적과 기간에 따라 금융 기관의 상품을 선택하게 되는데, 은행보다는 제2금융권인 농 · 수협, 상호저축은행 등이 이자가 조금 높습니다. 그리고 1인당 5,000만 원까지 예금자보호법으로 원금 보장을 받으며 새마을금고나 신협도 자체적으로 기금을 마련해 놓아 예금자를 보호해 주고 있으므로 금융 기관이 작더라도 걱정 말고 저축하기 바랍니다. 예금 상품은 비과세 – 세금 우대의 상품 순으로 소득공제가 되는 상품(혜택이 많은 상품부터 선택)을 선택하시면 됩니다. 저축 목적이 주택 마련이면 장기주택마련저축 같은 장기간의 상품을 이용하시고, 일반 목적이면 근로자우대 저축 같은 상품을 이용하시면 됩니다. 이 상품을 이용할 수 없으면 60세 이상의 노인이 가입 가능한 생계형저축에도 이러한 혜택이 있으므로 안전하게 돌려받을 수 있다면 부모님 명의로 저축해도 됩니다. 그리고 500만 원 이상의 목돈이면 수익성보다 안정성 위주의 투자를 하면서 투자의 지식과 경험을 쌓아야 되는데 국공채나 은행채 등의 채권을 이용한 펀드를 통해 시작하는 것이 좋습니다. 또한 친척이나 친구 등이 결성한 계를 이용하는 분도 많은데, 낙찰계 등의 계는 이자율은 높지만 안정성은 불안합니다. 10번 성공해도 1번 실패해서 돈을 받지 못한다면 안하느니 만도 못한 결과를 낳습니다. 그러므로 투자 초보자는 수익성보다는 안정성 위주의 투자를 하는 원칙이 아주 중요합니다. 그동안 경제신문이나 신문과 잡지의 경제란 등을 통해 투자에 대한 지식을 쌓고 세미나나 전문가의 도움을 통해 작은 돈으로 실전 경험을 쌓아가는 훈련 등의 전문성을 기르는 노력을 해야 합니다. 또한 남의 말만 듣고 투자하기보다는 발품을 팔아 내 눈으로 직접 확인하는 노력을 기울여 끊임없이 공부해야 합니다.

종자돈 불리기

시중 서점에 가보면 재테크에 대한 책들이 홍수를 이루고 있습니다. 그런 책의 제목들은 큰돈을 손쉽고 빠르게 모을 수 있다고 선전하고 있습니다. 물론 나름대로 노하우도 있겠지요. 그러나 아무리 좋은 산삼 녹용이라도 그 약을 소화할 수 있는 체력이 뒷받침되지 못한다면 아무런 소용이 없듯이 재테크도 자신에게 맞는 방법을 찾아야 합니다. 다른 사람들이 이렇게 해서 성공했으니 당신도 성공할 수 있다는 논리가 통하려면 그 때의 경제적인 상황과 제도, 규제, 세금, 법 등과 함께 그 사람이 가졌던 금융이나 투자에 대한 지식, 경험 등이 전제되어야만 합니다. 당신에게도 동일하게 주어진다는 것이 이런 경우는 물론 흔하지 않습니다.

그러나 일반적인 투자나 재테크의 원칙과 그 원칙에 합당한 상품은 언제나 존재할 것입니다. 이제 그러한 원칙과 상품들을 소개하고자 합니다.

투자의 기본 원칙

먼저, 목돈을 투자해서 불리려고 하면 목표 금액과 기간, 목적 등을 설

정해야 합니다. 일반적인 투자는 장기간(2~5년 이상)에 걸쳐서 해야 열매를 맺게 되므로 장기적인 전략을 세워야 합니다.

그 다음 자신의 성향을 알아야 합니다. 대부분의 사람들이 안전하면서도 고수익의 투자 상품을 알려 달라고 하지만 안전성과 수익성이 동시에 존재하는 상품은 없습니다. 그러므로 본인이 안정성을 추구하는 성향이라면 원금을 보존할 수 있는 상품을 위주로 선택해야 하고, 수익성을 추구하는 성향이라면 위험을 안을지라도 고수익을 노릴 수 있는 상품을 선택해야 합니다. 이 두 가지를 적절히 원한다면 중간 정도의 위험성과 수익성을 갖춘 상품이 적당하겠지요. 그러므로 본인이 투자에 대한 지식과 경험을 쌓아서 위험성을 줄여가면서 수익성을 올릴 수 있는 능력을 개발해야 하는 것입니다.

적절한 금융 투자 상품

안정추구형의 투자자라면 상품으로는 먼저, 제2금융권인 상호저축은행, 새마을금고, 신협 등의 세금우대 정기적금을 추천하고 싶습니다. 어떤 상품은 3년 만기에 8.5%의 이자를 주는 곳도 있습니다. 또한 종금사 등의 발행어음도 단기간 투자라면 적절한 상품입니다. 그리고 은행권에서는 금전신탁상품을 추천하는 데 금전신탁상품은 원금보전이 되지 않지만 은행의 특성이 주식보다는 채권이나 대출상품 등에 안정적으로 투자하므로 원금을 손해 볼 경우는 별로 없습니다.

그리고 안정적이면서 수익성을 추구하는 성향이라면 펀드 같은 간접투자 상품을 눈여겨보아야 합니다. 주식에 직접 투자하는 방법은 상대적으로 위험이 높고 수익성이 보장되지 않으므로 절대 삼가해야 합니다. 일반적인 간접 투자 상품은 이 책의 "펀드"나 "적립식펀드" 편을 참고하면 됩니다. 또 다른 상품도 몇 가지 소개하고자 합니다.

전환사채

이 상품은 주식과 채권의 두 가지 얼굴을 갖고 있는 독특한 상품입니다. 즉, 주식으로 전환할 수 있는 권리가 주어진 채권입니다. 채권이자를 챙기면서 혹 주가가 많이 오르면 주식으로 바꿔 팔아 차익도 올릴 수 있습니다

지수연동형 상품

이 상품들의 일반적인 형태는 원금 보장을 받으면서 지수가 올라가면 상승률의 약 40%를 수익률로 취하는 것입니다. 지수가 반 토막이 나도 무조건 원금 보장을 받을 수 있어 매력적인 주식 투자 상품입니다. 요즘에는 은행과 증권사에 매우 다양한 상품들을 수시로 내놓기 때문에 잘 골라 담으면 큰 수익을 낼 수 있습니다.

부동산 리츠 상품

이는 은행에서 인기리에 팔고 있는 부동산투자신탁과 비슷하기는 하나 만기가 5년으로 매우 길고 환금성도 좋다는 점에서 큰 차이점이 있습니다. 대개 연 10% 정도의 배당수익률을 제시하고 있는데, 현재까지는 거의 예상대로 진행되고 있습니다. 또 만기 시 보유 부동산을 팔아야 하는데 이 때 어느 정도의 시세차익도 가능합니다. 가장 큰 장점은 부동산 임대 수입을 주된 수입원으로 삼기 때문에 부동산 시장이 좋다면 안전하면서도 고수익을 올릴 수 있습니다.

뮤추얼펀드

뮤추얼펀드란 주식을 발행하여 투자자들로부터 모은 자본금을 전문가(자산운용 회사)에게 맡겨 주식, 채권, 선물, 옵션 등 유가증권에 투자토

록 한 뒤 그 운용 성과를 배당금 형태로 투자자에게 돌려주는 회사형 투자신탁을 말합니다. 수익증권과 마찬가지로 고위험 고수익 신탁상품에 해당합니다. 그런데 펀드 자체가 주식회사로 설립되며 투자자는 회사 주주로 참여하게 되므로 자기 책임 아래 투자한다는 특징이 있습니다. 뮤추얼펀드는 무엇보다 투명성이 확보되었다는 것이 가장 큰 장점입니다. 주주로서 참여하면서 임원도 선임할 수 있고 펀드 운용에도 관여할 수 있습니다.

수익증권

주식형 수익증권은 투자 전문기관이 운용하는 실적 배당형 상품이므로 고수익을 얻는 반면에 원금 손실을 입을 수도 있습니다. 투자자는 펀드 매니저에게 펀드의 운용을 완전히 맡기고 만기에 배당을 받습니다. 만기 전에 환매할 경우에는 일정액의 수수료를 물어야 합니다. 펀드에 주식이 한 주라도 편입되면 주식형이라고 부릅니다. 주식형 펀드에는 주식만 편입되는 것이 아닙니다. 펀드의 성격에 따라 10%~90%까지 주식을 편입하고 나머지는 채권, CP(기업 어음), 콜 등으로 운용합니다. 주식투자 비율에 따라 안정형, 안정성장형, 성장형 등으로 나눌 수 있습니다 보통 주식이 60% 이상 포함된 것을 성장형이라 하며 30% 이하 주식이 포함된 것을 안정형이라 합니다. 주식이 많이 포함될수록 고위험 고수익이라고 볼 수 있습니다.

공사채형 수익증권은 대표적인 채권 간접투자 상품으로 국공채 및 회사채 등에 투자합니다. 대부분의 개인들은 공사채형 수익증권이 투자 기간에 따른 확정 이자를 주는 것으로 알고 있습니다. 그러나 공사채형 수익증권은 고객들의 자금을 모아 채권으로 운용하고 이익을 돌려주는 실적 배당형 상품입니다. 공사채형은 채권에 투자하므로 안정적인 투자 상품입니다. 그러나 위험성이 적은 반면 수익성도 적다고 보아야 합니다.

MMF

MMF는 투자신탁회사가 주로 양도성 예금증서(CD), 기업 어음(CP), 콜론 등 단기 금융자산에 집중 투자하여 얻은 수익을 고객에게 돌려주는 단기 실적배당 상품입니다. 최저 가입금액의 제한이 없는 데다 시중 실세 금리 수준의 수익을 올릴 수 있어 소액 투자는 물론 언제 쓸지 모르는 단기자금을 운용하는 데 유리한 저축 수단입니다. MMF는 저축기간 및 금액, 가입자격 등에 제한이 없으며 입출금이 자유로운 수시 입출금식 상품입니다. 은행의 MMDA 상품과 종합금융회사의 CMA 등과 경쟁 관계에 있는 상품입니다.

엄브렐러 펀드

엄브렐러형은 테마별로 7개의 하위펀드로 구성되어 있습니다. 환매수수료 없이 7개의 펀드 간에 자유롭게 전환이 가능합니다. 따라서 펀드 간 전환을 이용하여 주식시장 주도주의 변화에 신속한 대응이 가능합니다. 그래서 목표 수익률이 달성되면 채권형 펀드로 옮겨가 안정적인 자금을 운용하여 손실을 방지하기도 합니다.

펀드는 개인이 주식이나 채권시장의 전문성이나 일정한 규모의 자금을 마련하기 위해 일반인들이 모여서 기관 투자자에 맞서기 위해 만든 상품입니다. 그러나 펀드들은 나름대로 특징이 있습니다. 그러므로 그 특징에 맞추어 투자 전략을 짜야 되는데, 위험도는 크나 고수익을 원하고 주식시장이 활성화 될 조짐이 보이면 성장형 펀드가 좋습니다. 고수익보다는 안정적이고 주식시장이 활성화될 조짐이 없다고 생각되면 채권형 펀드를 선택하고 단기간에 돈이 필요하면 MMF 등을 이용하면 됩니다.

기본적으로 펀드를 선택할 때는 회사의 대표 펀드를 고르면 좋습니다. 대표펀드는 회사의 브랜드를 고착시키기 위하여 심혈을 기울이므로 수익성이 좋겠지요. 또한 1년 이상 된 펀드나 규모가 큰 펀드, 회사가 야심작으로 내놓은 1호 펀드 등을 선택하는 것도 나름대로 좋은 전략입니다.

적립식 펀드

불확실한 주식시장이 이어지면서 안정적인 장기투자를 선호하는 소액 투자자들이 '적립식 펀드'로 눈을 돌리고 있습니다. 적립식 펀드란 은행 정기적금처럼 매달 적립한 일정액을 주식이나 채권에 투자해 운용 실적에 따라 수익을 올리는 간접 상품입니다. 적립식 펀드는 크게 채권형과 주식형으로 나눠지는데, 최근에는 펀드 가입자에게 보험이나 상품권 지급 등의 서비스를 제공하는 부가서비스형, 펀드 간 자유롭게 전환이 가능한 엄브렐러형 등 다양한 테마형 펀드가 출시되고 있습니다. 부가서비스형은 목표 금액 보장, 보험 무료 가입, 상품권 지급 등의 서비스도 제공합니다.

적립식 펀드는 소액 장기투자로 안정적인 수익을 올리는 데 적합한 상품입니다. 그러나 적립식 투자의 장점인 매입단가를 낮추고 매입수량을 높이는 효과를 얻기 위해서는 투자 기간이 최소 1년 이상은 되어야 좋습니다. 또한 해지 시기도 중요합니다. 적립식 펀드의 장점은 꾸준한 분할 매매를 통해 시장의 평균치 수익을 추구하므로 가입 시기가 언제냐는 그렇게 중요하지 않습니다. 그러나 주식형 펀드의 경우 주가 고점기에 해지를 해야 수익률이 높기 때문에 증시의 장기 추세를 감안해 해지 시기나 목표 수익률을 미리 정해두는 것이 좋습니다. 주가가 지속적으로 하락하는 시기에는 추가 입금을 통해 주식 매입을 늘리면 보다 높은 수익률을 거둘 수 있습니다.

적립식 펀드는 최고 수익률을 노리기보다는 최악의 손해를 피할 수 있는 상품이며, 소액으로도 대형 펀드에 가입할 수 있다는 것이 가장 큰 장점입니다. 그러므로 노후 자금이나 자녀 학자금 마련 등을 위한 장기투자자에게 적합한 상품이라고 보면 됩니다.

부동산투자로 수익 올리기

보통 투자의 기본적인 상품은 주식투자, 금융투자, 부동산투자입니다. 이 중에서 우리나라 사람들이 가장 선호하고 관심을 많이 두는 투자가 바로 부동산투자입니다. 그 이유는 살고 있는 집을 통해 가장 손쉽게 투자할 수 있으며 지금까지 정부의 개발정책과 국민소득의 증가, 우리나라 민족 특유의 집에 대한 집착 등으로 땅값 상승과 더불어 집값의 꾸준한 상승이 있기 때문입니다. 그래서 투자에 대한 지식이 없어도 집을 사서 어느 정도 값이 오르면 파는 단순한 행위로 부자가 된 사람들을 주위에서 많이 찾아볼 수 있습니다. 물론 앞으로도 주택보급률을 살펴보면 향후 어느 기간 동안은 꾸준히 수요가 예상되어 주택 공급이 계속될 것입니다. 그러나 예전처럼 주민등록의 위장 전입, 딱지 매입, 등기 전 거래 등의 불법행위는 정부의 부동산 투기 근절 정책으로 법망을 피하기가 어렵고 2가구 주택조차도 엄청난 세금으로 힘들게 되었습니다. 아파트를 이용한 부동산투자도 예전처럼 사기만 하면 집값이 오르는 시절은 지나갔고 형제나 자녀를 이용하여 여러 채를 보유하는 편법 역시 힘을 쓰지 못하며 부동산 임대 등을 이용한 투자도 국세청의 엄격한 세금 적용이 계속될 것입니다. 이제는 부동산투자도 전문적인 지식과 경험이 필요하며 오랜 시간과 합리적인 투자 방법이 필요한 시대로 접어들고 있습니다.

특히 토지 등의 투자는 거대 자금이 필요할 뿐더러 매매가 많지 않아 팔려고 해도 시간이 많이 걸려 환금성이 부족한 단점이 있습니다. 돈이 필요해 급하게 팔려고 하면 싸게 사려는 사람만 몰려들 뿐이므로 대출해서 토지에 투자하는 행위는 엄청난 손실을 예상해야 합니다. 토지 투자는 개발예상지역이나 녹지의 해제, 용도의 변경 등을 둘러싼 투기자들의 정보와 헛소문으로 선량한 투자자들은 봉이 되기 쉽습니다. 부동산 투자가 매력 있는 투자인 것은 확실하지만 적은 돈으로 오랜 시간과 전문적인 지식과 경험을 통한 합리적인 방법을 이용하여 투자해야 수익을 올릴 수 있습니다.

사업을 통한 수익 올리기

예전부터 부자가 되는 길의 으뜸은 장사를 하는 것이었습니다. 지금은 거대한 사업체를 운영하는 사람들을 사업가라 부르고 시장이나 상가에서 조그마한 가게를 임대하여 자영업을 운영하는 사람들은 장사꾼이라 합니다. 장사를 조금은 하찮게 여기는 경향이 있지만 모두 똑같은 일입니다. 지금은 고인이 되었지만 우리나라 재벌 창시자인 정주영씨나 이병철씨도 처음에는 조그마한 가게를 내고 장사하는데서 시작하여 지금의 세계적인 회사를 키웠습니다. 이병철씨의 삼성가를 이어받은 이건희 회장은 삼성그룹을 한국을 대표할 만한 세계적인 기업으로 발전시켜 삼성에 입사하는 것이 대학을 나온 젊은이들의 꿈으로 자리 잡게 했습니다. 그러나 이들은 하나님과는 아무런 상관 없이 살아가고 있다는 게 참으로 안타까운 우리나라의 현주소입니다. 이제 우리나라에서도 교인들이 1,000만 명을 넘어서고 있으며 각계에서 유명 인물들이나 리더를 배출하고 있지만 정작 사업계에서는 이렇다할 만한 리더가 없습니다. 우리의 교세에 비해 걸출한 사업가가 별로 없는 이유는 교회 지도자들이 사업에 대한 하나님의 뜻을 가르치고 삶에 적용하는 데 관심을 기울이지 않았기 때문입니다. 우리들의 능력이나 자산이 하나님 사업에 활용되고 가난한 이들을 돕는 일에 쓰인다면 하나님이 기뻐하실 것이 분명한 데도 말입니다. 교회 지도자들이 균형 있게 가르치지 못한 까닭에 하나님의 복을 왜곡하여 이해하거나 오해하여 일반 잡신들처럼 하나님을 섬기기만 하면 축복해 주어서 부자가 된다는 기복(祈福)신앙적 복으로 변질되었고, 이로 인해 하나님은 우리의 재정적인 능력을 키워 주시는 일에 더욱 외면하실 수밖에. 그래서 우리나라가, 미국의 철강재벌가로 자신의 부를 교회와 사회복지를 위해 모두 바친 앤드류 카네기와 같은 인물이 나오지 않는, 척박한 풍토가 되었다는 것은 정말 안타까운 일입니다.

누구나 사업에 성공하는 것은 아니다

많은 사람들이 돈만 있으면 사업을 할 수 있다고 생각합니다. 직장에 다니면서 어려운 일이 생기거나 상사에게 질책을 받거나 승진에서 누락이 되면 사표를 폼 나게 던지고 뛰쳐나가 자신만의 사업을 경영하는 사장이 되고 싶어 합니다. 요즘처럼 간섭 받기 싫어하고 자신의 색깔이 뚜렷한 시대의 젊은이들은 사업을 시작하는 것을 손쉽게 여기는 것 같기도 합니다. 그러나 사업은 돈만 있거나 기회가 주어진다고 해서 만만하게 볼 것이 아닙니다. 식당가나 아파트 주변의 자그마한 가게에 임대라고 붙여진 쪽지들이 수도 없이 펄럭거립니다. 그나마 겨우 운영하는 가게 주인들도 요즘처럼 장사가 안 되기는 처음이라며 입을 모아 말합니다. 사업은 시작하기보다 마무리하기가 훨씬 어려우며 많은 빚을 떠안고 문을 닫은 채 후유증으로 평생 어두움의 늪에서 허덕이는 사람들을 도처에서 쉽게 찾아볼 수 있습니다. 이들은 후회와 회한을 내뱉으며, 그 때 좀 더 참고 직장에 있었거나 철저한 준비와 경험을 쌓고 시작했었더라면 이렇게 험난한 인생의 파고에 시달리지는 않을 텐데 라며 자신의 경솔한 결정과 어리석음을 곱씹으며 실의의 날들을 보내고 있습니다.

사업가의 기본 조건은 무엇인가?

사업가가 되려면 사업에 대한 기본적인 재능이 있어야 합니다. 대부분의 자영업은 서비스업이므로 대인관계가 원활하고 사교적인 성격이 좋습니다. 여러 직원을 채용하여 사업을 하는 경우에는 리더십이 중요합니다. 개성이 뚜렷하고 개인적인 사회로 치닫고 있는 요즘에는 개개인의 사정을 들어주며 개인의 기호를 맞추어 주는 세밀한 관심과, 다양한 개성을 존중하면서 전체의 이익을 달성하기 위한 직원들의 헌신적인 노력을 이끌어 내는 능력인 리더십이 필요합니다. 이러한 분야에 재능이 있더라도 변화하는 사회에 적절히 대처하기 위해서는 이러한 능력을 계발시켜야 합니다.

또한 하고자 하는 사업에 대한 지식과 경험이 필요합니다. 취급하려는 상품을 저렴하며 좋은 품질로 구입하는 방법을 알아야 하며 이를 구별하는 능력도 필요합니다. 또한 가장 중요한 점은 판매에 정통한 지식을 갖추어야 한다는 점입니다. 자영업인 경우에는 좋은 점포를 선정할 능력이 있어야 하고 미래 고객 개발이나 단골 고객 확보를 위한 마케팅 능력도 필요합니다. 또한 경쟁 업체의 다양한 전략에 대한 대책도 필요 시에 세워야 합니다. 그리고 자신의 상품 판매와 서비스에 대한 전략과 시스템을 체계적으로 갖추어야 합니다. 특히 요즘처럼 불황이 심화되면 소비 욕구가 현저히 줄어들어 매출이 감소하는 데다 경쟁 업체와의 피비린내 나는 가격 경쟁으로 수익이 생기지 않는 것은 물론이고 인건비조차 나오지 않는 경우도 허다합니다. 사업 초기에 대출을 얻어 이자가 지출되는 상황이 악화되면 결국 문을 닫아야 하는 일이 발생합니다. 이런 다양한 상황에 대한 대책은 사업에 대한 폭넓은 지식과 경험이 있어야만 가능합니다. 그러나 많은 경우에 이런 기본적인 지식 없이 사업을 시작하여 많은 빚을 떠안고 무너지게 됩니다.

무엇보다 사업에 필요한 것은 자금입니다. 많은 사람들이 직장에서 중도에 퇴직하거나 해고되어 피치 못해 사업을 하는 경우 준비자금을 마련할 시간이 턱없이 부족합니다. 그래서 살고 있는 주택 등을 담보로 금융기관에서 대출을 얻어 사업을 시작합니다. 그러나 이런 경우에 앞서 말한 것처럼 충분한 지식과 경험 부족으로 실패 확률이 높은데다 대출로 인한 이자는 발목을 잡게 만듭니다. 그러므로 사업을 시작할 때는 충분한 자금을 확보할 때까지 준비하거나 아니면 최소 자금으로 실패하더라도 쉽게 재기할 수 있는 자세로 시작하는 것이 필요합니다. 과다한 부채로 이자 부담이나 사업을 실패하는 최악의 경우라 해도 가족들의 보금자리까지 잃게 되는 어리석은 행위는 하지 말아야 합니다. 가족들이 편안하게 살고 있는 집은 사업의 도구가 아닙니다. 하나님은 가족들에게 해를 입히는 가장을 악하다고 책망하십니다.

> 누구든지 자기 친족 특히 자기 가족을 돌아보지 아니하면 믿음을 배반한
> 자요 불신자보다 더 악한 자니라 (딤전 5:8).

하나님이 기뻐하시는 사업가

> 다섯 달란트 받았던 자는 다섯 달란트를 더 가지고 와서 가로되 주여 내게

다섯 달란트를 주셨는데 보소서 내가 또 다섯 달란트를 남겼나이다 그 주인이 이르되 잘 하였도다 착하고 충성된 종아 네가 작은 일에 충성하였으매 내가 많은 것으로 네게 맡기리니 네 주인의 즐거움에 참예할찌어다 하고 (마 25 : 20~21).

　　하나님은 사업에 재능을 발견하여 계발하고, 리더십을 가지고 직원들을 통솔하며, 사업에 대한 지식과 경험을 쌓고, 충분히 자금을 준비하고 때가 되면 사업을 시작하여 사업의 기반을 잡아 지속적으로 성장하여 수익을 내는 사업을 경영하는 리더를 기뻐하십니다. 그런 능력은 하나님께 지혜를 요청하면 넘치도록 주실 것이며 환경을 열어주시고 시스템을 체계화 시켜 어떤 어려움도 극복할 수 있도록 해 주실 것입니다. 그러나 가장 중요한 것은 이러한 능력이 하나님께로부터 나옴을 인정하고 자신의 사업체와 수익금을 하나님이 기뻐하시는 곳에 사용하고 관리할 경영자를 원하십니다. 사업이 어렵고 힘들 때는 하나님을 의지하다가 큰 사업을 이루고 돈을 많이 벌었을 때 하나님의 은혜를 잊어버려 성품이 교만해진 사업가들이 많이 있습니다. 그러나 어떤 경우에도 하나님을 향한 믿음을 굳건하게 유지하고 지혜를 갖추었다면 하나님의 재물을 맡기는 관리자로 큰 쓰임을 받을 것입니다.

셋째 비밀

쓰레기를 치워라

오랫동안 꿈꾸어 왔던 내 집 마련을 이루는 날에 잠이 오지 않을 정도로 가슴이 벅차오르는 경험을 해 본 사람들이 많을 겁니다. 새로 이사 가는 아파트의 벽지는 새것이고, 칠한 지 얼마 안 된 페인트 냄새는 머리를 약간 어지럽게 만들지만 그 고운 색깔만큼은 보기 좋습니다. 그런데 어디선가 코를 찌르는 역겨운 냄새가 납니다. 그래서 이방 저방 찾아다니며 냄새의 진원지를 알아본 결과 베란다 끝에 치우지 못한 오래된 쓰레기 한 더미의 썩은 냄새가 새집의 환상을 깨뜨리고 있습니다.

재정 관리에서도 쓰레기가 있습니다. 그것은 빚입니다. 악성부채를 말하는 것입니다. 이 악성부채는 어느 가정이든지 역겨운 냄새를 풍기며 풍요롭고 넉넉한 재정을 가로막는 장애물입니다. 그러므로 이 악성부채를 제거하지 않고는 하나님의 선한 관리자로서의 자격을 얻지 못합니다. 물론, 성경은 빚을 지는 행위를 금지하지는 않지만 빚에 대하여 부정적이고, 빚을 갚지 않는 사람은 악한 자라고 책망하고 있습니다. 악한 사람이 하나님의 금고를 책임질 수 없다는 것은 너무 당연합니다.

악인은 꾸고 갚지 아니하나 의인은 은혜를 베풀고 주는도다(시 37:21).

빚이란 무엇인가?

빚이란 남에게 돈을 빌리는 것을 말합니다. 금융 용어로는 대출이나 융자라 하기도 하며 돈을 빌려주는 사람을 채권자, 돈을 빌리는 사람을 채무자라고 합니다. 그런데 왜 빚이 이토록 엄청난 장애물이 되는가 하면 빚은 살아 있는 것이기 때문입니다. 살아서 계속 자신의 몸뚱이를 불립니다. 처음에는 작은 불꽃놀이로 시작하지만 나중에는 엄청난 파괴력을 가진 큰불로 돌변하는 것입니다. 그런데 보통 이러한 심각한 사실을 잘 모르거나 과소평가하는 경향이 있습니다. 그러한 원인은 먼저 사회적인 분위기와 자본주의의 정체성에 있다고 보아야 합니다.

자본주의는 자본이 주인이 되는 나라라고 생각해도 좋습니다. 자본이 많은 사람이 그 나라의 실세인 셈입니다. 그런데 이 자본은 그냥 묻어 두는 것이 아니라 투자를 해서 수익을 올려야 합니다. 수익을 올리는 방법은 여러 가지이지만 금융 기관에서 가장 많이 사용하는 방법이 돈을 빌려주고 이자를 받는 것입니다. 그렇다면 돈을 빌리고 빌려주는 행위 자체가 사업에 필수적이며 자연스러운 행위라는 것을 알려야 하며 위험하거나 부정적인 인상을 주지 않도록 해야 합니다. 그렇게 하는 데는 금융 회사의 광고효과도 대단한 효력을 발휘하고 있습니다. 신용카드 회사에서 신용카드를 사용하는 것이 능력을 보여주는 행위로 비쳐지게 하거나 자신의 부를 과시하는 것으로 오해하도록 만듭니다. 그래서 이를 잘 모르거나 진지한 생각이 없는 청소년이나 젊은이들이 신용카드를 통해 소비자 부채를 얻는 것을 당연한 것으로 여깁니다. 이들은 결혼을 해서 가정을 꾸려 나가도 이러한 습관을 계속 이어가다 악성부채의 늪에 빠져 일생을 이 늪에서 신음하며 고통스럽게 살아가게 됩니다. 그러나 이 부채가 이토록 위험하고 고통스러운 것인가를 알았을 때는 이미 때가 늦은 경우가 대부분입니다. 그래서 성경은 빚을 얻으면 돈을 빌려준 사람의 노예가 된다고 단호하게 말하고 있습니다.

> 부자는 가난한 자를 주관하고 빚진 자는 채주의 종이 되느니라 (잠 22 : 7)

신용카드는 애완동물이 아니다

저는 십대의 대학교 신입생이, 회사의 갓 취직한 소녀가 신용카드를 마치 애완동물처럼 다루는 것을 보고 사태의 심각성을 알게 되었습니다. 그들은 신용카드를 대부분 핸드폰이나 자동차 그리고 유흥비에 사용합니다. 아마 대학생이라면 그들의 능력으로 돈을 벌어서 큰돈을 갚기에는 역부족일 것입니다. 회사원이라면 빚으로 인생을 사는 외상인생이 시작된 것입니다. 그러다가 카드 결제가 2~3달만 밀리게 되면 노란불이 들어오고, 다른 카드를 내어 빚을 갚는 돌려막기를 계속하다가 1년 쯤 뒤 도저히 숨을 쉴 수 없을 정도로 심각해지면 인생의 빨간불이 들어온 것입니다. 이렇게 말을 하면 너무 지나치게 과장한 것이 아니냐고 하지만 주위의 사람들을 잘 생각해 보시기 바랍니다. 누가 이런 자신의 치부를 드러내고 싶어합니까? 아무도 자신의 이런 처지를 밝히고 싶지 않을 것입니다. 과장된 것이 아니라 당신에게 사실을 말하지 않는 것입니다.

신용카드 거래는 외상으로 물건을 사고 카드 회사에서 돈을 빌리는 것입니다. 외상에는 당연히 이자라는 대가를 지불해야 하며 우리나라 가정의 수입의 25%가 빚을 갚는데 사용되고 있다고 하니 얼마나 심각한지 알수가 있습니다(통계청 20004년 7월 19일 발표).

그러나 신용카드 회사들은 광고를 통해 신용카드를 사용하면 물건을 싸게 살 수 있고, 할인 혜택을 받으며, 경품을 탈 수 있는 기회를 주고, 영화 구경을 공짜로 할 수 있다고 끊임없이 속삭입니다. 그러나 그러한 것을 얻을 수 있는 포인트(점수)를 얻으려면 수십 배에 해당하는 물건을 사야 할 것입니다. 그러면 그 물건들은 그 시기 당신에게 꼭 필요한 것입니까? 아닐지도 모릅니다. 실제적으로 신용카드의 이자는 할부 기간에 따라 다르므로 회사에서 선전하는 이자와는 거리가 있습니다. 그리고 이자는 언제나 저축이자보다 높으며 연체를 하면 이자에 이자가 붙는 복리로 불어나 연 20%에서 30%에 가까운 높은 이자를 물어야 합니다. 지금 정기예금의 이자가 연 4-5%라는 점을 감안하면 엄청난 고리대금입니다.

따라서 카드를 사용하다 자신이 감당 못할 수준에 닿게 되면 다른 카드를 신청해서 카드빚을 갚는 악순환으로 번져 나중에는 그 악순환이 터져버리고 맙니다. 터지는 시점은 한 개인이나 가정에서 감당할 수 없는 수천만 원에서 몇 억 원에 가까운 빚이 되었을 때입니다. 이쯤 되면 사람들은 사태의 심각성을 깨닫게 되지만 이미 때는 늦었습니다. 매달 돌아오는 상환 독촉에 심각한 가정불화가 일어나 가정이 깨지고, 신혼부부가 이혼을 하고, 부모자식, 형제자매 간에 돌이킬 수 없는 사이가 되고, 친한 친구들은 원수로 변합니다. 그리고 신용불량자가 되어 직장에서 쫓겨나고, 사람들 사이에서 자취를 감춥니다. 그는 이미 폐인이 된 것입니다. 신용카드는 악성 부채의 연결 고리로 이어지는 악마의 덫입니다.

그러므로 신용카드 사용을 심각하게 고려해야 합니다. 특히 은행에 결제할 잔고가 없다면 신용카드를 사용해서는 절대 안 됩니다. 그것은 노예를 자청하는 행위인 것입니다.

또한 신용카드는 충동구매를 하게 만듭니다. 멋진 차와 고급 브랜드 옷과 가전제품, 그리고 근사한 곳에의 휴가, 매혹적인 술자리에서 어깨를 펴게 해줍니다. 누가 이 유혹에서 자유롭겠습니까? 자신의 능력을 생각하지 않고 카드를 꺼내들을 때 이미 그는 빚진 자가 되는 것입니다. 만약, 카드를 결제할 잔고가 계좌에 없다면 신용카드를 잘라 버리고 현금으로 구매해야 합니다. 물론 불편하고 힘들 것입니다. 그러나 빚쟁이가 되어 평생 카드 회사를 먹여 살리는 것보다 나을 것입니다. 불편한 현금을 가지고 다니면서 구매한다면 당연히 충동구매를 삼갈 것이며, 돈이 없으면 은행에서 인출해야 하므로 예산에 맞추어 생활하게 됩니다. 그러면 가계부를 쓰기가 쉬울 것이고 지출을 통제하는 데 어렵지 않을 것입니다. 저축도 할 수 있고, 안락한 노후도 보장되고 평생 돈 걱정 안 하고 살 것입니다. 만약, 여러분이 간단히 신용카드를 잘라버리는 것만으로도 평생 넉넉하게 살 수 있다면 조그만 불편쯤은 기꺼이 감수할 수 있을 것입니다.

사채를 얻는 것은 희망을 짓밟는 것이다

요즈음 신문이나 방송에는 악성부채에 시달리다 못해 스스로의 생을 포기할 뿐 아니라 아무런 죄도 없는 아내와 어린 자녀를 데리고 동반 자살하는 기사가 연이어 나오고 있습니다. 이는 보는 사람마저 눈시울을 뜨겁게 합니다. 어찌하다가 이 지경에 빠지게 되었을까요?

처음부터 심각한 상태를 예상한 것은 아닙니다. 시작은 단순히 충동구매나 사고 싶은 감정을 억제하지 못하는 마음에서 비롯된 것입니다. 그러다가 점점 커지게 된 것입니다. 보통 사람들이 대출을 하는 일반적인 순서는 신용카드 대출(카드론) - 은행권 대출 - 캐피탈이나 보험회사 등의 제2금융권 대출 - 사채 이용이란 순서를 밟습니다. 처음에는 신용카드를 분별 없이 사용하다가 결제를 제대로 못하면 여러 개의 신용카드를 만들어 돌려 막기를 합니다. 그것도 안 되면 은행권(이자가 상대적으로 저렴함)을 이용하고, 대출이 막히면 이자가 더 비싼 제2금융권인 캐피탈 등으로 옮기다가 마지막에는 신용불량자가 되거나 사채를 이용합니다. 사채에 대한 법이 없었던 시절에는 대출 조건과 이자를 사채업자가 지정하는 방법대로 책정되어 연 100% 이상의 이자가 보통이었습니다. 그래서 제대로 갚지 못하면 소위 조폭 등의 해결사를 이용해 신체나 가족을 위협해 갚게 하는 방법을 사용했습니다. 그러나 지금은 사채와 연관된 법이 통과되어 사채업자들 모두 법적으로 대부업 등록을 하게 되어 금융감독원의 통제를 받았습니다. 등록하지 못한 업체는 불법 업체로 법의 보호를 받지 못하게 되었습니다. 그리고 받을 수 있는 이자는 연 66%로 제한했습니다. 연 66%는 이자가 1년이 지나면 원금의 66%를 내는 것으로 보통 제도권 금융이자보다 무려 6배가 넘는 것입니다. 아무런 대책 없이 그저 빚을 갚기 위해 이 돈을 쓴다면 몇 년 안에 엄청난 악성부채가 되어 발목을 잡게 될 것입니다.

결론은 무슨 일이 있어도 사채를 사용해서는 안 됩니다. 사채를 쓰게 되면 갚아야 할 돈이 몇 배로 커진 다음에야 포기하게 되어 이를 해결하는 것도 몇 배로 더 힘들고 어렵습니다. 사채는 사탄의 덫입니다. 그 속에 들어가면 덫에 걸린 짐승처럼 사냥꾼의 처분만 기다리는 가련한 신세가 됩니다.

충동구매는 마약이다

악한 눈이 있는 자는 재물을 얻기에만 급하고 빈궁이 자기에게로 임할 줄
을 알지 못하느니라(잠 28 : 22).

우리나라의 신용불량자가 400만 명에 육박하고 있고 그 중 청년들의
신용불량자가 50만 명이 넘어서고 있다고 합니다. 사업이 부도가 나서 신
용불량자가 된 이도 있겠지만 대부분은 신용카드의 분별 없는 사용으로
빚이 생겨 카드 돌려막기를 하다가 급기야는 신용불량자가 되어 악성채
무의 압박에서 아무 희망도 없이 눈물로 지새우는 사람들입니다.

그 절망의 원인 중 하나가 충동구매입니다. 충동구매는 일종의 질병과
같이 가정과 사회에 심각한 피해를 주며 쇼핑증후군(shopperholic)이라
고 하여 일종의 마약중독이나 알코올중독과 같은 질병으로까지 취급되고
있습니다. 이러한 충동구매는 갚을 능력에 대한 깊은 생각 없이 느낌이나
충동으로 구매하는 것을 말하는데, 백화점이나 할인매장에 가 보면 나에
게 당장 필요한 물건이 아니라도 지금 사지 못하면 기회를 잃을지 모른다
는 막연한 불안감 때문에 사는 경우가 그렇습니다. 이것은 특히 구매 욕
구를 절제하지 못하는 여성의 경우에 빈번한데, 이런 여성의 약점을 이용
한 악한 상술이 판치고 있습니다. 요즈음은 필요한 물건보다도 기분 전환
을 위하여 쇼핑을 하고, 시간을 때우려고 쇼핑가를 둘러보는 사람들이 이
런 불행에 빠지기 쉽습니다.

그러므로 이런 충동구매를 막기 위해서는 신용카드를 사용하지 않는
것이 가장 좋습니다. 특히, 자신을 절제하지 못하는 사람은 현금으로 구
매하는 것입니다. 현금으로 구매하다 현금이 떨어지면 은행에 가서 인출

해야 하는 불편 때문에 그렇게 하기도 쉽지 않고, 설사 은행에 가더라도 시간이 지나면 그런 충동적인 기분은 점차 사라지고 나중에는 이성이 그런 기분이 싹 가시게 하도록 유도합니다. 그리고 중요한 것은 예산안을 세워 놓고 지출할 품목을 정해서 항목별로 구매하는 것입니다. 그러면 예산에 없는 것을 사고 싶은 생각은 없어지고 필요한 물건만 구입하게 됩니다. 이렇듯 예산 내에서 지출항목이나 액수를 정해 놓고 구매를 하면 충동구매 하는 습관은 줄어들 것이고 별로 필요치 않은 물건을 사 놓고 후회하는 경우도 많이 줄어들 것입니다.

과소비는 일방통행 도로의 역주

과소비란 본인이 필요 이상의 물건을 사거나 수입보다 더 큰 지출을 하는 것을 말합니다. 그러므로 과소비는 상대적이라고 볼 수 있습니다. 기업을 운영하는 사장님은 대형차가 적당한 구매이지만 일반인들은 대형차를 구입하면 과소비에 해당하겠지요. 소비 자체는 자본주의 국가에서 꼭 필요한 것으로 어느 정도는 장려해야 회사가 원활히 돌아가고 종업원에게 월급을 줄 수 있으며 국가에 세금을 낼 수도 있습니다.

문제는 본인의 필요나 수입에 지나친 물품을 구매하는 것을 말합니다. 요즘 젊은층들의 구매 선호는 핸드폰이나 자동차들입니다. 한 개에 40만 원 가까이 하는 핸드폰의 수명 주기가 16개월이라고 하니 1년이 조금 넘어서면 바로 다른 핸드폰으로 바꾼다는 것입니다. 자동차도 젊은이들이 무척이나 갖고 싶어하는 것이지만 문제는 가격이 엄청나게 높다는 것입니다. 그들이 갖고 싶어하는 스포츠 레저 차량의 대당 가격은 2,000만 원 가까이 됩니다. 게다가 세금이며 보험료까지 합치면 차량 유지비가 엄청나게 많이 듭니다. 그런데 그들의 수입은 그런 차량을 가지고 다니기에는 벅찹니다. 당연히 차량 가격의 상당 부분을 대출을 받아 구입합니다. 그러면 매달 그 원금과 이자 상환, 보험료, 세금, 휘발유 비용이 한 달 월급의 1/3 이상이 되는 경우도 허다합니다. 그런데 자동차는 감가상각이 높은 물건입니다. 감가상각은 시간이 지나가면 가치가 소멸되는 것으로 신형 자동차의 경우는 한 달에 30만 원 이상의 감가상각이 일어나므로 구입한 지 1~2년만 지나도 중고차 가격이 형편없이 떨어지는 것을 알 수 있습니다. 따라서 빚을 갚다보면 차량 수명이 다 되어 새 자동차를 대출 받아 구입해야 하는 악순환을 겪게 됩니다.

그러므로 언제 저축을 하고 투자를 해서 미래에 필요한 자금을 마련하겠습니까? 그러므로 전자 제품, 고급 옷, 자동차와 같이 감가상각이 높은 제품들을 신용카드 등의 대출로 사는 것은 금물입니다. 그런 소비 형태를 고치지 않고서는 평생 빚을 갚다가 일생을 보내게 되고, 제대로 갚지 못하는 상황이 일어나면 악성부채로 변해서 신용불량자로 깊은 수렁에서 일생을 마치게 될지도 모릅니다. 그러므로 성경은 빚을 얻는 것에 처음부터 철저하고 단호하게 말씀하며 이 명령을 지키지 않으면 가혹한 대가를 지불하며 살아야 합니다.

나는 그 아비가 되고 그는 내 아들이 되리니 저가 만일 죄를 범하면 내가 사람 막대기와 인생 채찍으로 징계하려니와 (삼하 7:14).

신용불량자는 인생 불량자다

자본주의 국가는 신용이 재산입니다. 신용불량자란 말 그대로 신용이

불량하여 금융 기관끼리 고객 정보를 공유하여 대출을 받거나 금융 거래를 하는데 불이익을 주기 위한 제도입니다. 지금은 신용불량자라는 명칭을 사용할 수 없게 법으로 막았지만 신용불량자의 블랙리스트는 여전히 금융 기관에 존재합니다. 신용불량자는 은행에 통장을 만드는 것은 가능하나 신용카드나 신용대출을 받을 수 없습니다. 담보대출의 경우에도 높은 이자율이 적용됩니다. 또한 금융 기관에 취업을 할 수 없고 기타 기업에도 신용조회를 통해 취업이 제한됩니다.

그러나 신용불량자의 현실은 심각합니다. 신용불량자가 되면 회사 취직이나 사업자등록을 내어 사업하는 것은 사실 불가능하다고 보아야 합니다. 그렇다면 노동력을 이용하여 생계를 유지해야 합니다. 또한 은행과의 거래는 말할 것도 없고 심지어는 휴대폰 개설 같은 사소한 것도 할 수 없습니다. 그러므로 우리나라와 같은 자본주의 국가에서의 생활은 전기나 수도, 가스와 같은 공공시설이 없는 곳에서 사는 것과 같이, 피부로 와닿는 불편을 느끼며 살아갈 수밖에 없습니다. 정신적인 황폐함은 물론 신용불량자가 되는 과정을 겪으며 악성부채로 가정이 깨지고 가족들은 뿔뿔이 흩어집니다. 그러면서 신앙심이 많이 식어지고 하나님과의 관계도 냉담해질 수밖에 없습니다. 그래서 자포자기하는 심정으로 술로 세월을 보내거나 길거리의 노숙자로 전락하는 사람도 적지 않게 볼 수 있습니다. 이러한 결과의 처음도 신용카드의 과도한 사용이나 충동구매처럼 돈을 가볍게 생각하는 소비 습관에서부터 시작되었습니다.

이러한 현실을 바라볼 때 타인의 경험을 나의 경험으로 받아들여 반성하고 경계하는 사람이야말로 지혜로운 사람입니다. 하나님께서도 자신의 돈을 맡기고 관리하는 사람의 자격을 엄격하게 제한하시는데 바로 이러한 심각한 결과를 초래하기 때문입니다. 그러므로 처음부터 빚을 두려워하고 경계하는 태도를 가지고 절제하며 소비하는 자세를 잊지 말고 관리자의 태도를 철저하게 보여야 합니다.

> 피차 사랑의 빚 외에는 아무에게든지 아무 빚도 지지 말라(롬 13:8).

적자재정은 노란 신호등이다.

악성부채의 시작은 당연히 적자재정이 연속된 결과입니다. 그러므로 처음에 문제가 생겼을 때 문제를 덮어두거나 문제를 더 키우지 말고 어렵지만 고통스러운 수술을 하는 심정으로 적자재정에 대한 해결책을 강구해야 합니다. 수입보다 지출이 많다는 것은 가정 재정에 노란불이 켜진 상황입니다. 그러나 많은 이들이 이를 무시하고 빚을 얻어 해결하려고 합니다. 특히, 신용카드로 돌려막기를 시도하는 경우가 대다수인데 이 상태로 돌려막기 진행이 지속되면 더 많은 빚을 얻게 되어 이자 부담이 급속하게 늘어나 회복불능 상태에 빠지고 맙니다.

악성채무에 시달리는 많은 가정이 처음부터 많은 빚이 있었던 것은 아닙니다. 처음에는 별것 아닌 것으로 대수롭지 않게 여기다가 나중에는 눈덩이처럼 불어나게 된 것입니다. 그러므로 지출이 수입보다 초과되는 상황에 처했을 때 단호한 대처를 해야 합니다. 대부분, 신용카드의 충동구매와 무분별한 사용이 많으므로 먼저 카드 사용을 중단해야 합니다. 그리고 가계부를 짜고 예산안에서만 지출해야 합니다. 집세나 관리비 등 고정비용의 지출은 어쩔 수 없더라도 자녀 교육비, 경조사비 등의 잡비, 외식비 등의 변동비는 재정이 회복될 때까지 최소한으로 줄여야 합니다. 허리띠를 졸라매는 것은 모든 식구들에게 불쾌한 경험입니다. 그러므로 이 재정 상황을 온 식구들에게 투명하게 공개하고 참여를 촉구해야 합니다. 그리고 넉넉한 미래와 비전을 위해서 인내를 호소하고 동의를 얻어내야 효과적입니다.

가장 중요한 것은, 문제가 생겼을 때 일찍 시작하는 것입니다. 왜냐하면 재정 상황이 거꾸로 진행되면 될수록 빚에 대한 이자 부담이 늘어나 아무리 긴축재정을 실시한다 하더라도 어려운 상황에 빠질 수 있기 때문입니다. 특히, 연체료의 이자율은 무척 높고 복리는 늘어나 단기간에 급격히 커지므로 경계해야 합니다.

재정 관리의 최우선은 쓰레기를 치우는 것이다

풍요로운 재정을 가로막는 가장 큰 장애물은 빚이라는 쓰레기입니다. 이 쓰레기를 치우지 않으면 아무리 집을 아름답게 지었다 하더라도 소용 없습니다. 허리띠를 졸라매고 먹을 것 안 먹고 입을 것 안 입으면서 절약해도 구멍 뚫린 독에 물 붓는 것과 같습니다. 수입이 아무리 많다고 하더라도 지출이 많으면 저축하지 못하는 것과 같습니다.

현재, 부채가 있어서 매달 수입의 10% 이상의 이자를 갚는데 쓰고 있다면 우선 부채를 갚는데 우선순위를 두어야 합니다. 빚을 다 갚을 때까지는 긴축재정을 하고 다른 계획을 미뤄 놓아야 합니다. 부채가 많다면 내 집은 이미 내 집이 아닙니다. 빚을 갚지 못하면 채권자의 것이기 때문입니다. 부채가 많다면 저축하는 것도 의미가 없습니다. 저축이자는 대출이자의 반도 안 되기 때문입니다. 그리고 이자를 갚지 못해 연체가 되면 연체이자는 복리로 불어나고, 저축이자는 단리로 불어나기 때문에 연체이자가 불어나는 속도를 따라잡을 수가 없습니다. 그러므로 다른 어떤 계획을 제쳐 놓고 부채를 갚아야 합니다. 부채를 갚지 않으면 미래는 없습니다.

또한 빚을 내는 것을 가볍게 생각하는 것도 큰 문제입니다. 이것은 쓰레기를 치우고 말끔하게 청소를 해놓고 나서, 또다시 더럽게 하여 쓰레기를 버리는 행위와 같습니다. 이런 소비 행태나 사고방식을 버리지 않는 한 풍요롭고 넉넉한 삶과 인연이 없습니다. 현재 신용카드로 내는 이자를 평생 낸다고 생각하고 계산해 보십시오. 수십 년 동안 낸다면 엄청난 액수가 될 것입니다. 이 돈이 거꾸로 여러분의 수입을 갉아먹고 있는데 어떻게 부유한 채로 살아갈 수 있을까요? 사실, 부유하게 사는 사람들은 당신에게 돈을 빌려주고 당신에게서 평생 이자를 받아가는 채권자들입니다. 이들은 일도 하지 않고 땀도 흘리지 않으면서 당신에게 빌려준 돈을 이용해 떵떵거리며 살고 있습니다. 어느 쪽에 서 있고 싶습니까? 당연히 후자의 편이겠지요. 그렇다면 생각을 바꾸고 불편함을 참으면서 행동을 변화하도록 노력해야 합니다.

산더미 같은 쓰레기를 어떻게 치울 것인가?

산더미 같은 쓰레기란 악성부채입니다. 지금은 상암동 월드컵 경기장이 있어 세계인이 관심을 갖는 그곳에 예전에는 난지도라는 서울시 쓰레기 처리장이 있었습니다. 합정동을 지나쳐 조금 더 가면 쓰레기로 뒤덮은 산이 멀리서도 잘 보였습니다. 이 쓰레기로 쌓아올린 산을 보면서 서울시민들이 버리는 쓰레기의 엄청난 양에 놀랐습니다. 이 엄청난 쓰레기 더미를 치워서 깨끗하게 한다는 것은 상상할 수 없이 어려운 일이었지만 지금은 그곳을 개발하여 생태공원과 골프장이 들어선 멋진 곳으로 탈바꿈되었습니다.

지금 악성부채로 신음하는 사람들은 자신이 가지고 있는 악성부채의 금액이 평생 치워도 치울 수 없는 난지도의 쓰레기와 같다고 생각할지도 모릅니다. 그래서 체념하고 매일을 술로 지새우면서 자포자기하는 심정으로 이 고통스러운 삶이 빨리 지나가기를 바라고 있을지도 모릅니다. 그리고 악성부채로 변하는 과정에서 직장과 가정, 친구들을 잃었을지도 모릅니다. 설령 잃지 않았다 해도 상처를 입고 하나님과의 관계도 멀어졌을 것입니다. 과거 하나님과의 깊은 관계 속에서 즐거워하며 기뻐했던 시절은 생각도 나지 않고, 오로지 잊고 싶은 기억만 남았을지도 모릅니다. 그러나 우리가 할 수 없고 감당할 수 없는 어려움이 있기 때문에 하나님을 바라보아야 하고, 이것이 우리가 소망을 가져야 하는 이유입니다.

사람이 감당할 시험 밖에는 너희에게 당한 것이 없나니 오직 하나님은 미쁘사 너희가 감당치 못할 시험 당함을 허락지 아니하시고 시험 당할 즈음에 또한 피할 길을 내사 너희로 능히 감당하게 하시느니라 (고전 10 : 13)

성경은 우리에게 우리가 감당할 수 없는 어려움은 없다고 말씀하십니다. 우리가 가지고 있는 악성부채가 아무리 많다고 하더라도 하나님은 우리가 해결할 수 있다고 말씀하십니다. 왜 그럴까요? 우리는 이 세상의 주인이신 전지전능한 하나님의 자녀이기 때문입니다. 이러한 신분을 잊고 지낸다면 하나님의 도우심을 얻을 수가 없습니다. 하나님은 자신을 찾는 자에게 오신다고 하셨기 때문에 우리는 아무리 어려움에 처해 있더라도 하나님을 찾고 찾아야만 합니다. 그렇다면 어떻게 해야 우리의 이 엄청난 쓰레기를 치울 수 있을까요?

쓰레기를 확실하게 치우는 방법

악성부채는 본인이 아무리 애를 써도 해결되지 않습니다. 이럴 때 우리는 막다른 골목에 다다른 것을 인정하고 하나님의 도우심을 얻어야 합니다. 하나님 관점에서 이 문제를 해결하도록 해야 합니다. 그러나 하나님은 공의로 우리를 다스리시는 분이시므로 아무리 나를 도와주고 싶어 하더라도 그분의 원칙에 어긋난다면 침묵하실 겁니다. 이제 하나님이 도와주시는 원칙을 찾아보도록 하겠습니다.

원칙 1 : 십일조와 헌물을 드려야 한다

첫 번째 문제부터 쉽지 않지만, 악성부채에 빠져 있는 사람은 수입이 전혀 없거나 적을 것입니다. 그리고 적은 수입이 생기자마자 쏜살처럼 수중에서 빠져 나갈 것입니다. 그러므로 십일조를 드릴 형편이 안된다고 말하고 싶을 것입니다. 물론 그 처지는 충분히 이해를 합니다. 그러나 내가 드리는 십일조가 있으나 없으나 나의 삶은 어렵고 고통스러울 것입니다. 이 문제를 해결해 주시는 분이 하나님 밖에 없다면 그분의 명령과 원칙에 따라야 합니다. 하나님은 십일조를 드리는 믿음을 통해서 씨앗을 심고 그 씨앗이 자라 수백 배로 불어나서 우리가 요청할 때 돌려주신다고 말씀하셨습니다. 그러므로 믿음의 눈으로 하나님께 씨앗을 드려야 합니다. 이것이 그분께서 우리에게 부유함을 적용하시는 원칙입니다.

원칙 2 : 관리자의 자세로 돌아가야 한다

관리자는 말씀드린 대로 주인의 돈을 관리하는 사람입니다. 그러므로 관리자의 자세는 주인의 뜻을 따라 돈을 사용해야 합니다. 따라서 관리자의 태도로 돈을 적절한 곳에 효율적으로 사용해야 하겠지요. 하나님께서 우리에게 돈을 주심은 우리에게 필요한 생계 유지와 하늘나라의 확장을 위한 씨앗으로 주셨습니다. 그러므로 먼저 우리의 필요를 위한 것도 하나님 보시기에 기쁘게 사용해야 합니다. 그러기 위해서는 수입이 많든 적든 예산안에 따라 지출을 기록하면서 통제해야 합니다. 적자재정이면서 기록조차 하지 않고 어디에 얼마를 쓰는지 알지 못하고 늘 돈이 부족하다고 하는 것은 관리자의 자세가 아닙니다.

가정에 돈이 부족하다면 얼마가 부족한지 정확하게 아는 것이 관리자입니다. 그러므로 적자재정일지라도 가계부를 쓰고 지출을 통제하면서 부족한 것은 하나님께 요청해야 합니다. 이렇게 한다면 충동구매나 과소비를 하지 않고 예산대로 지출하게 되므로 쓸데없는 곳에 지출하는 것도 없어질 겁니다. 이렇게 하는 것이 하나님의 돈을 맡은 관리자의 모습이고 그런 모습일 때 하나님의 도우심을 바랄 수 있습니다.

원칙 3 : 빚을 갚도록 애써야 한다

악인은 꾸고 갚지 아니하나 의인은 은혜를 베풀고 주는도다(시 37 : 21).

하나님의 재정 원칙 중 하나는 빚을 안 갚는 행위가 악하다고 책망하는 것입니다. 그러나 악성부채에 시달리는 사람들이 평생 갚아도 못 갚을 빚을 어떻게 갚습니까? 문제는 자세입니다. 즉 부도를 내더라도 도망가서 숨어 지내지 말고 떳떳하게 나와 채권자들에게 사정을 말하고 대책을 강구하는 태도를 하나님께서는 기쁘게 보십니다. 그리고 수입 중에서 생계비를 빼고 남은 돈이 단돈 1만 원이라도 갚아 나가는 자세를 보인다면 나중에는 하나님께서 환경을 열어주시고 해결책을 주시는 것입니다. 물론, 이것도 현실에서 쉽지 않은 일이지만 본래 악성부채를 해결하는 일이란 쉬운 것이 아닙니다. 믿음의 눈으로 하나님의 도우심을 바라보는 사람만이 하나님의 도우심을 얻을 수 있습니다.

원칙 4 : 거룩한 성품은 하나님의 마음을 녹인다

지금까지 앞에 있는 3가지 원칙은 본인의 의지만 있으면 할 수 있는 것들이지만 네 번째 원칙은 어렵습니다. 그렇지만 이것이 가장 중요한 원칙입니다. 그것은 하나님께서 우리에게 언제든지 어디에서든지 요구하십니다. 하나님은 자신의 형상과 똑같이 사람을 만드셨습니다. 모양뿐 아니라 성품도 똑같이 만드셨습니다.

그러므로 우리가 하나님의 거룩한 성품을 닮아가야 합니다. 재정에 대한 성품 중 가장 요구되는 성품은 정직함, 절제(자기 훈련), 오래 참음, 불쌍히 여김 같은 것들이 요구되며 그 성품들의 기본은 사랑입니다. 악성부채에 시달리는 사람들은 오랫동안 힘든 삶을 살면서 성격이 거칠어지고 신경이 날카로워져 있으며 낙심과 절망으로 체념하며 사는 경우가 많습니다.

그러나 초대교회의 성도들은 예수님을 믿는 것 자체가 목숨을 건 위험한 삶이었습니다. 그런데도 수많은 순교자들은 믿음을 지키기 위해 하나님의 인도하심과 천국의 소망을 저버리지 않고 기꺼이 그 길을 걸어 갔습니다.

그러므로 하나님께서 우리에게 약속하신 축복을 성취하기 위해서는 어떤 어려움과 고난이 있더라도 참고 견디며 하나님을 바라보아야 합니다.

그런 혹독한 시기를 겪은 후에는 하나님의 기적적인 해결하심을 맛볼 수 있습니다.

넷째 비밀

시험에 합격하라

우리는 시험이라는 단어에 별로 좋지 않은 경험을 가지고 있습니다. 학교에 다니면서 시험에 대한 두려움과 스트레스, 초조함 등으로 소화불량과 불면증 심지어는 정신 치료를 받는 경우도 있다고 합니다. 어떤 학생들은 시험이 없는 나라에서 살고 싶다는 유서를 쓰고 투신자살했다는 소식이 들려올 정도이니 시험에 대한 중압감이 얼마나 사람들을 짓누르는지 알 수 있습니다. 그러나 시험에 대한 부정적인 면도 많지만 시험이 없다면 그 사람의 능력과 자격을 알 수 없기 때문에 무엇을 맡기는 일도 쉽지 않을 겁니다. 만약 운전면허 시험이 없다면 모든 운전자들이 운전을 잘 하는지 아니면 처음으로 차를 몰고 나왔는지 알 수 없기 때문에 도로가 온통 지뢰밭이 될 수도 있습니다. 상대방의 차가 어디로 가려는지 무슨 행동을 하려는지 예측할 수 없는 상황에서 차를 운전하는 것은 보통 겁나고 진땀 흐르는 일이 아닙니다. 그렇기 때문에 운전면허 시험을 통해서 지식과 경험을 측정한 후 일정한 자격을 갖춘 사람에게 면허증을 발급해주고 있습니다. 그러므로 운전면허 시험을 보는 사람 입장에서는 두렵고 초조해서 경험하고 싶지 않은 시험이겠지만 나라 전체를 생각해보면 꼭 필요한 자격시험인 셈입니다.

하나님께서 우리에게 돈을 맡기실 때에도 당연히 시험이 있습니다. 그러나 이 시험은 하나님께서 주관하시기 때문에 성경을 통해서 시험의 성격이나 자격을 말씀하시고 관심이나 필요가 있는 사람들에게만 깨닫게 해주십니다. 그것은 모든 사람들이 다 큰돈을 원하고 부자를 꿈꾸고 있기 때문입니다. 그러나 자격을 갖추지 않은 사람에게 큰돈을 맡기면 그 돈으로 사람의 일생뿐 아니라 가정과 사회에 큰 해악을 끼치고 하나님 나라의 확장에도 손실이 크므로 하나님께서는 당신께서 정한 자격을 갖춘 자에게만 이러한 사명을 맡기십니다.

하나님은 시험 출제관이다

> 여호와 하나님이 그 사람에게 명하여 가라사대 동산 각종 나무의 실과는
> 네가 임의로 먹되 선악을 알게 하는 나무의 실과는 먹지 말라 네가 먹는 날에
> 는 정녕 죽으리라 하시니라 (창 2 : 16~17).

하나님은 첫 사람인 아담을 만드시고 그가 외로워 보이므로 아내인 하와를 만들어 주셨습니다. 그리고 에덴동산을 관리하도록 맡겨 놓으셨습니다. 그리고 모든 권한을 주시면서 단 하나 동산 중앙의 선악과는 먹지 말라고 말씀하셨습니다. 이 이야기에 대하여 어떤 사람들은 하나님께서 선악과의 유혹에 넘어갈 줄을 아시고 만들어 놓으신 덫이라고 주장하는 사람도 있습니다. 그러나 우리는 하나님의 성품이 그런 잔꾀를 부리시는

분이 아님을 너무도 잘 알고 있습니다. 하나님은 아담과 하와를 만드시고 그 자손들을 번성하게 하실 때 그들이 로봇처럼 명령에 복종하는 것을 원치 않으셨습니다. 자녀들이 노예처럼 두려움으로 복종하는 것보다 사랑으로 순종하기를 바라신 것입니다. 그러는 한편, 당신께 믿음으로 순종하는지 알아보기 위해서 모든 권리를 주셨으나 단 한 가지 선악과에 대한 금지 명령을 내리시고, 이를 통해 자신을 신뢰하고 순종하는지 여부를 판단하고자 하셨던 것입니다. 즉, 아담과 하와의 유일한 시험이었습니다. 그러나 안타깝게도 아담과 하와가 사탄의 유혹에 넘어가 시험에 불합격하자 에덴동산의 관리권을 도로 반납하게 하셨습니다. 하나님께서는 우리를 사랑하시므로 우리가 요청하면 모든 것을 주시기를 원하십니다. 그러나 일정 자격 요건을 갖추어서 그 자격에 합당한 자에게만 주십니다. 그러므로 우리가 필요한 것을 무조건 달라고 떼쓰기보다는 하나님께서 원하시는 자격을 갖추는 것이 지혜로운 것입니다.

축! 시험 합격

> 욥이 그 벗들을 위하여 빌매 여호와께서 욥의 곤경을 돌이키시고 욥에게 그전 소유보다 갑절이나 주신지라(욥 42 : 10).

성경에 나온 시험 중에 가장 어려운 시험에 합격한 사람은 동방의 의인이라 칭하던 욥이었습니다. 욥은 원래 그 당시 최고의 부자로 그 소유물은 양이 칠천, 약대가 삼천이며 소도 오백 겨리였고 암나귀가 오백이며 종들도 많았다고 합니다. 그러나 그에게 예기치 않은 어려움이 닥쳐와서 그 많던 재산을 전부 잃고, 자녀 열 명이 한꺼번에 죽고, 아내는 욕하며 도망을 가고, 욥 자신도 몹쓸 질병에 걸려 눕게 되었습니다. 일생일대 최고의 고난이었습니다. 다른 사람 같으면 희망을 잃고 하나님에 대한 믿음을 저버리며 빨리 죽을 날만 기다리는 사람이 되었을 것입니다. 그러나 욥은 끝까지 하나님을 찬양하고 경외함으로 하나님에 대한 놀라운 신뢰감으로 마침내 그 어려운 시험에 합격하였습니다. 그러자 하나님께서는 처음 소유의 갑절로 그에게 보답해 주었습니다. 처음에 가졌던 재산도 엄청나게 많았는데 그 재산을 두 배로 더해 주시니 아마 죽을 때까지 자신이 가진 재산을 제대로 헤아려 보지도 못하고 살다 죽었을 것 같은 생각조차 듭니다.

욥은 사탄의 요청에 의해 하나님의 허락을 얻어 시험이 닥친 것입니다. 그의 잘못으로 생긴 것이 아니었습니다. 하나님께서는 욥의 믿음을 신뢰하였으므로 시험을 허락하셨을 것입니다. 결국 욥은 하나님의 믿음을 저버리지 않고 믿음을 굳게 지킴으로써 하나님의 신뢰감에 보답을 하였습니다. 그러자 하나님께서도 기뻐하시며 재산을 두 배로 불려주시며 다른 축복도 겸하여 주셨습니다. 이렇게 하나님의 시험에 합격한 자는 하나님께서 엄청난 보답을 하십니다. 이 세상의 재산이 하나님의 것인데 자녀들인 우리들에게 무엇인들 아깝겠습니까? 그러나 재물을 관리할 수 있는 자격을 갖추지 못한 자에게는 도리어 화가 되므로 일정한 자격을 요구하시고 시험에 합격한 자에게만 합당한 재산을 맡기시는 것입니다. 그러므로 우리는 시험이 있다고 두려워하거나 괴로워하기보다는 시험을 당당하게 합격하여서 하나님의 성실한 관리자로서의 임무를 감당해야 합니다.

시험을 하시는 이유

> 사울과 백성이 아각과 그 양과 소의 가장 좋은 것 또는 기름진 것과 어린 양
> 과 모든 좋은 것을 남기고 진멸키를 즐겨하지 아니하고 가치 없고 낮은 것은
> 진멸하니라 여호와의 말씀이 사무엘에게 임하니라 가라사대 내가 사울을 세
> 워 왕 삼은 것을 후회하노니 그가 돌이켜서 나를 좇지 아니하며 내 명령을 이
> 루지 아니하였음이니라 하신지라 사무엘이 근심하여 온 밤을 여호와께 부르
> 짖느니라 (삼상 15 : 9~11).

사울은 이스라엘의 초대 왕이었습니다. 하나님께서 이스라엘 사람들의
간청을 받아들여 왕을 세우고자 하셨을 때 사울은 가장 적합한 젊은이였
습니다. 그는 준수한 용모와 훤칠한 키를 가졌고, 왕을 제비 뽑을 때 나귀
밑에 숨을 정도로 겸손한 사람이었습니다. 그러던 사울이 왕이 되고 나자
마음이 변하기 시작합니다. 그래서 나중에는 하나님의 명령을 어기고 제
멋대로 행동하기 시작합니다. 위의 성경 말씀은 사울이 아말렉과 싸울 때
에 하나님께서 말씀하시기를 아말렉은 악한 민족이니 싸움에 이기고 나
서 모든 소유를 다 없애버리고 사람과 가축까지 죽여 씨를 말리라고 명령
하셨습니다. 그렇게 하신 이유는 아마 아말렉이 너무도 악한 민족이라 살
려 주었다가는 두고두고 이스라엘 민족을 괴롭힐 것을 아셨기 때문입니
다. 그러나 사울은 전쟁에서 이기고 전리품으로 빼앗은 가축들을 보자 욕
심이 생겨서 결국은 하나님의 명령을 어기는 잘못된 결정을 내립니다.

사울은 하나님의 특별한 사랑과 총애로 이스라엘 왕이 되어 이스라엘
백성과 그 자신의 하나님이 살아계심을 명백히 알았음에 불구하고 재산
을 보자 탐욕에 눈이 멀었던 것입니다. 그래서 결국 하나님은 사울의 왕

위를 다시 다윗에게로 옮겨버리고 그와 그 아들들은 전쟁터에서 비참하게 죽는 최후를 맞게 되고 맙니다. 한 순간의 실수를 돌이키기에는 하나님 보시기에 너무 실망스러웠음을 우리는 짐작할 수 있습니다.

사울이 왕이 되지 않고 평범한 사람으로 살다가 죽었다면 이렇게 슬픈 이야기의 주인공으로 나오지 않았을 것이다. 아마 한 아내의 듬직한 남편으로서 여러 자녀들의 좋은 아버지로서 부모님을 잘 모시고 형제들과 우애 있게 살면서 행복하게 일생을 마쳤을지도 모릅니다. 그리고 왕이 된 것보다 훨씬 더 행복한 삶을 살았을 것입니다. 그러나 그가 왕이 되어 중요한 결정을 내리고 이스라엘을 다스리는 최고 권력자였기에 하나님은 그에게 엄격한 자격을 요구하신 것입니다.

사울같이 남부러울 것 없는 왕에게조차 탐욕은 거부할 수 없는 유혹입니다. 그렇게 하나님을 잘 알고 섬기는 자도 이런 유혹에 넘어갑니다. 그런데 우리 같은 평범한 사람이 엄청난 재물을 보았을 때 탐욕의 덫에 걸리지 않는다고 장담할 수 있겠습니까? 아무도 대답하기 어려울 것입니다. 그러나 이런 덫에 걸리기만 하면 재산만 잃는 것이 아니고 가정을 잃고, 가족을 잃고, 친구를 잃고, 하나님을 잃게 됩니다. 그러므로 하나님께서는 아무에게나 큰돈을 주시지 않는 것입니다. 어린아이에게 날카로운 칼을 장난감으로 주지 않듯이 하나님은 엄격한 시험을 거쳐 자격을 얻은 자에게 당신의 재물을 맡기십니다. 그러므로 큰돈을 달라고 기도하기보다 자격을 갖춘 사람이 되게 해달라고 기도하는 것이 더 지혜로운 요청이 될 것입니다.

시험과목 : 십일조와 헌금

  몇 년 전 인터넷으로 상담했던 A형제는 친구의 보증을 잘못 서주고 그
부채를 떠맡게 되어 무척 괴로워하며 해결책을 물어왔습니다. 그 부채는
사업상의 부채라 금액도 엄청나서 집마저 경매로 넘겨줄 위기에 있었습니
다. 사실 저에게 뾰쪽한 수를 기대했던 것보다는 너무 좌절한 마음에 하소
연이라도 하는 느낌이었습니다. 그래서 저는 늘 상담하던 대로 하나님의
도우심을 얻으려면 하나님이 기뻐하시는 원칙을 지켜야 한다며 십일조를
포함해서 조목조목 알려주었습니다. 그리고 시간이 지나 나는 그 일을 잊
었고 나중에야 자료가 필요해서 상담 내용을 검색하던 중 덧글이 올라온
것을 보게 되었습니다. 그 내용은 상담을 받은 후 그는 그동안 재정이 어
려워서 제대로 못했던 십일조 생활을 다시 시작했답니다. 그리고 나서 얼
마 후 미국으로 이민 갔던 학교 친구가 잠시 입국하여 우연히 만나게 되었
고, 대화 중에 자연스럽게 자신의 고민도 나누게 되었답니다. 그러자 친구
가 흔쾌히 부채를 갚아주겠다는 제의를 해 왔다고 합니다. 그러면서 하나
님이 어려운 상황에서도 십일조를 드린 나의 행위를 기뻐하셔서 주신 기
회인 것 같다고 나름대로 간증한 내용도 보게 되었습니다.
  여기에서 말하려는 시험은 다른 게 아니라 돈에 관련된 시험입니다. 돈
에 관해 성경에서 요구하는 것은 십일조와 헌물입니다. 많은 설교자들이
십일조와 헌금을 축복을 주시는 믿음의 수단으로 말씀하면서 십일조를
드리면 백배로 불어나서 돌아온다고 말씀하십니다. 즉 십일조는 열매를
많이 맺어 거둬들이는 것이라 하여 심고 거두는 법칙이라고 말씀하고 계
십니다. 물론, 이러한 해석도 일부 맞는 부분이 있지만 더 생각해 보아야
할 부분도 있습니다. 많은 사람들이 재정이 어려워 사업이 곤두박질치고
힘들어할 때, 십일조를 더 열심히 드리면 재정이 회복된다는 말을 믿고

십일조와 헌금을 더 열심히 합니다. 하지만 사정은 더 좋아지지 않고 형편은 더 나빠져서 그런 말을 한 목회자를 원망하고 하나님께 불평하는 경우를 적지 않게 경험해 왔습니다. 그렇다면 성경에서 약속한 십일조가 축복의 근원이라는 말은 없애야 하는 것일까요? 그게 아니라면 무엇이 잘못되었을까요? 우리는 머리가 혼란스러워집니다. 이런 이유로 하나님은 살아계시는 것 같은데 유독 나한테만 침묵하시는 것 같은 느낌을 많이 받습니다. 그렇기 때문에 우리는 성경을 잘 깨달아야 하며 하나님의 진정한 뜻을 헤아려서 행하는 지혜로운 사람이 되어야 합니다.

솔로몬이 어린 나이에 왕이 되어 일천 번제를 드리고 하나님께서 소원을 물었을 때 지혜를 달라고 했던 것은 그것이 매우 소중하고 필요한 것임을 어린 나이임에도 잘 알고 있었기 때문입니다. 그러자 하나님은 그 요청을 기뻐하시며 솔로몬에게 지혜와 재물을 주셨는데, 솔로몬왕이 얼마나 많은 재산을 소유했는지 역사적으로도 전무후무할 정도였습니다. 하나님 보시기에 솔로몬왕이 그 많은 재물을 소유하고 관리할 능력과 지혜가 있었으므로 재물을 주셨다는 것을 우리가 잘 알고 하나님의 재정적인 원칙을 우리도 잘 적용할 수 있도록 준비해야 합니다.

십일조의 의미

십일조가 시험이라는 것은 시험이 주는 스트레스처럼 십일조도 많은 사람들에게 스트레스를 주기 때문입니다. 그러나 시험공부를 열심히 한 사람에게는 시험이 즐거울 수도 있습니다. 그런 사람은 충분히 공부한 결과로 성적이 향상된 것을 상상하며 즐겁게 시험 시간을 보낼 수도 있습니다. 그와 마찬가지로 십일조의 의미를 잘 알고 깨닫고 실행하는 사람에게는 축복의 통로가 되는 십일조가 즐겁고 기쁜 행위입니다. 하지만 그렇지 않은 사람들에게는 십일조가 자신의 돈을 바치라는 혹독한 왕의 요구로만 생각되어, 기쁨 없이 의무적으로만 십일조를 드리게 됩니다. 그런 사람은 진정한 십일조의 축복을 얻지 못하는 불행한 신앙생활을 하게 되는 것입니다.

> 살렘왕 멜기세덱이 떡과 포도주를 가지고 나왔으니 그는 지극히 높으신 하나님의 제사장 이었더라 그가 아브람에게 축복하여 가로되 천지의 주재시요 지극히 높으신 하나님이여 아브람에게 복을 주옵소서 너희 대적을 네 손에 붙이신 지극히 높으신 하나님을 찬송할찌로다 하매 아브람이 그 얻은 것에서 십분 일을 멜기세덱에게 주었더라(창 14 : 18~20).

모세가 나기 400년 전의 사람인 믿음의 조상 아브라함은 조카 롯을 포로로 사로잡아 간 왕들과의 싸움에서 이기고 돌아오던 길에 갑자기 살렘왕 멜기세덱을 만납니다. 살렘은 성경의 어디에도 언급되어 있지 않은 곳이며 멜기세덱에 대해서도 아무런 언급이 없습니다. 단지 살렘왕 멜기세덱이 하나님의 제사장이라는 신분만이 언급됩니다. 아브라함은 그 살렘왕 멜기세덱을 만나 전리품의 십분의 일을 드리고 축복을 빌었습니다. 아브라함은 당대의 거부로 개인적으로 소유하던 병사들만 해도 수백 명이 있어 롯의 나라를 쳐들어온 왕과의 싸움에서 이길 정도로 엄청난 능력이 있었던 인물입니다. 그리고 믿음으로도 유명한 사람입니다. 그 아브라함은 축복이 어디에서 나오는지를 잘 알고 있었던 인물입니다. 그는 하나님으로부터 100세에 아들을 얻고 믿음의 조상으로 축복 받았으므로 하나님과의 깊은 관계 속에서 살아갔던 인물입니다. 그러므로 그는 십일조를 통한 재정적 축복이 있다는 것을 누구보다도 잘 알고 있었기 때문에 대제사장인 살렘왕 멜기세덱을 보자마자 십일조를 드리고 축복을 빌었던 까닭입니다. 또한 아브라함은 모세의 율법이 있기 전의 인물이므로 십일조가 율법이 아니라 하나님께서 재정적으로 형통케 하는 통로로 사용하시는 원칙임을 잘 알아야 합니다.

> 만군의 여호와가 이르노라 너희의 온전한 십일조를 창고에 들여 나의 집에 양식이 있게 하고 그것으로 나를 시험하여 내가 하늘 문을 열고 너희에게 복을 쌓을 곳이 없도록 붓지 아니하나 보라(말 3 : 10).

이 말씀은 하나님께서 십일조는 축복의 근원이라 하시며 당신을 시험해 보아도 좋다고 하시면서 당당하게 밝히신 것입니다. 이것으로 우리는 형통한 재정을 부어 주시는 하나님의 원칙을 분명하게 알 수 있습니다. 이 세상의 주인은 하나님이십니다. 온 세상을 지으신 이가 하나님이시기 때문입니다. 그렇다면 왜 자녀에게 좋은 것을 주시려고 하지 않으시겠습니까? 하나님은 자녀인 우리들에게 좋은 것을 주시고 싶어 하시며 세상에서 풍요롭고 잘 살게 축복하고 싶어 하십니다. 그만큼 우리를 사랑하시기 때문입니다. 이것이 하나님께서 성경 곳곳에 의도하신 축복을 줄줄이 말씀해 놓으신 이유입니다.

시험 내용 1 : 십일조는 무엇을 드려야 하는가?

교회를 정기적으로 출석하는 사람들은 십일조가 무엇을 말하는지 다 알 것입니다. 십일조는 수입의 십분의 일을 말합니다. 하나님은 축복의 통로로서 당신의 자녀들에게 수입의 십분의 일을 요구하고 계십니다. 그러므로 우리는 수입이 생길 때마다 십일조를 먼저 떼어 섬기는 교회에 드려야 합니다. 그러나 십일조를 드리면서 십일조의 의미를 망각하고 정확하게 드리지 않는 사람들이 의외로 많다는 것을 알게 됩니다.

정확한 십일조

하나님은 정확한 십일조를 요구하십니다. 보통 매달 월급을 받는 근로자들은 십일조를 계산하는 것이 그다지 어렵지 않습니다. 그러나 월급을 제외한 수당이나 다른 명목의 십일조는 드리지 않는 경우가 많습니다. 하나님은 월급의 십일조가 아니라 수입의 십일조를 명령하고 계십니다. 회사를 다니면 월급 외에도 여러 가지 상여금, 수당, 체력 단련비, 휴가비 등의 여러 가지 수입이 있습니다. 그 항목들의 수입도 당연히 십분의 일을 요구하십니다. 각종 세금이나 근로소득세를 경비로 생각하여 제외하는 것이 옳은지 그른지 판단하기는 어렵습니다. 그러나 하나님은 넉넉하게 드리는 자를 기뻐하십니다.

> 각각 그 마음에 정한대로 할 것이요 인색함이나 억지로 하지 말지니 하나님은 즐겨 내는 자를 사랑 하시느니라(고후 9:7)

월급을 수입으로 하지 않는 자영업자나 사업가들은 정확한 십일조를 계산하려면 항목과 기간을 정해놓고 해야 가능합니다. 그렇다면 회사와 가정에서 쓰는 자금들도 구별할 필요가 있습니다. 자영업자들은 자신의 수입에서 가정의 생활비를 책정하여서 매달 차감하고 그 생활비의 십분의 일을 정확하게 드려야 합니다. 그런 개념이 없다면 십일조를 드리는 것이 쉽지 않을 뿐 아니라 사업이 잘 안되고 자금의 압박을 받게 되면 십일조 개념을 잊기 쉽습니다.

자영업자나 월급을 타는 근로자라도 투자 수입이 있다면 당연히 이 수입에 대한 십일조를 드려야 합니다. 주식이나 채권, 적금에 대한 수입은 이자나 수익금일 것입니다. 이것은 투자하여 늘어난 금액에서 원금을 빼고 난 금액을 드리시면 됩니다. 투자를 하면서 다른 경비나 수수료 등이 있다면 이것도 수입에서 제외하고 드리시면 됩니다. 기타 부동산 등이 있다면, 매달 임대료를 받는 경우와 상가 건물을 팔고 난 뒤에 수입이 있을 겁니다. 매달 임대료를 받는다면 그중의 십분의 일을 드리면 되겠고, 판매를 했다면 투자한 원금에 세금이나 경비를 제외한 것이 투자 수입인데 이 금액의 십일조를 드리시면 됩니다.

적자 재정의 십일조

십일조 드리는 것을 가장 어렵게 하는 것이 재정적인 어려움입니다. 부채가 많아 생활비 충당만도 빠듯하거나 그나마 자녀 교육비, 각종 공과금이나 전기, 가스비 등의 생활비조차 없는 가정도 있을 겁니다. 그런 가정에서도 형편이 너무 어렵기 때문에 십일조를 드리는 일이 쉽지 않은 일입니다. 사실 그런 가정은 십일조는 고사하고 먹고 살기도 어려울 뿐만 아니라 부채에 시달려서 삶의 의욕을 잃고 하나님과의 관계도 멀어져서 힘든 삶을 사는 경우가 대부분입니다. 그러나 이러한 난처한 상황에 빠져있을 때 더욱 냉정하게 생각해 보아야 합니다. 악성부채에 시달리는 가정은 대부분 현상유지하기도 힘듭니다. 시간이 지나가면 갈수록 상황은 더욱 악화되기 마련입니다. 그 지경에 이를 때까지 할 수 있는 수단과 방법은 다 동원했을 것입니다. 그렇기 때문에 희망을 두는 곳은 한 가지 오직 하나님의 기적적인 해결뿐입니다.

우리 주 예수 그리스도의 은혜를 너희가 알거니와 부요하신 자로서 너희
를 위하여 가난하게 되심은 그의 가난함을 위하여 너희로 부요케 하려 하심
이니라(고후 8:9).

예수님이 이 땅에 오셔서 하신 일은 귀신을 쫓아내고, 병든 자를 치료
하시고 복음을 전파하신 것만이 아닙니다. 예수님은 가난한 자를 위하여
오셨습니다. 예수님은 가난한 자에게도 부유케 하는 놀라운 기적을 베풀
기를 원하십니다. 그러므로 우리는 낙심하지 말고 하나님의 도우심을 기
대해야 합니다. 하나님은 공의로운 분으로서 원칙을 가지고 당신의 자녀
들을 돌보아 주십니다. 재정적인 원칙 중의 하나는 십일조를 통해 그 씨
앗이 땅에 심어지고 하늘나라의 보화로 쌓이면서 백배로 불어나 우리가
요청할 때나 하늘나라의 확장을 위해 필요할 때 하나님의 뜻에 따라 사용
되는 것입니다. 그렇다면 이 고난과 어려움에서 벗어나려면 믿음의 눈을
가지고 하나님의 원칙에 순종해야 합니다. 그렇다면 아무리 어렵더라도
십일조를 드려야 합니다. 씨앗을 심어야 합니다.

눈물을 흘리며 씨를 뿌리는 자는 기쁨으로 거두리로다(시 126:5).

눈물을 흘리며 씨앗을 심는 자는 가을에 기쁨으로 추수를 할 것이지만
형편이 어렵다고 씨도 뿌리지 않고 주저앉아 있다면 추수철이 되어도 추
수할 것이 없습니다. 형편이 어려울수록 우리는 하나님을 만나서 도움을
요청해야 하고 믿음이 정금같이 변하는 기회로 삼아야 합니다. 고난의 시
기가 왔다고 손을 늘어뜨린 채 낙담만하고 있다면 그 동안에 쌓아왔던 기

도와 예배가 무슨 소용이 있겠습니까? 그래서 야고보사도는 어려움이 닥치면 즐거워하라고 말씀하신 이유입니다.

> 내 형제들아 여러 가지 시험을 만나거든 온전히 기쁘게 여기라
>
> 이는 너희 믿음의 시련이 인내를 만들어 내는 줄 너희가 앎이라(약 1 : 2~3).

우리는 이 같은 믿음의 확증 속에서 드라마 같은 하나님의 도우심을 받은 인물을 통하여 다시 한 번 하나님의 원칙을 확인하고자 합니다.

> 저가 가지러 갈 때에 엘리야가 저를 불러 가로되 청컨대 네 손에 떡 한 조각을 내게로 가져오라 저가 가로되 당신의 하나님 여호와의 사심을 가리켜 맹세하노니 나는 떡이 없고 다만 통에 가루 한 움큼과 병에 기름 조금 뿐이라 내가 나무가지 두엇을 주워다가 나와 내 아들을 위하여 음식을 만들어 먹고 그 후에는 죽으리라 엘리야가 저에게 이르되 두려워 말고 가서 네 말대로 하려니와 먼저 그것으로 나를 위하여 작은 떡 하나를 만들어 내게로 가져오고 그 후에 너와 네 아들을 위하여 만들라 이스라엘 하나님 여호와의 말씀이 나 여호와가 비를 지면에 내리는 날까지 그 통의 가루는 다하지 아니하고 그 병의 기름은 없어지지 아니하리라 하셨느니라(왕상 17 : 11~14).

사렙다 지방에 살던 과부는 인생 최대의 위기를 겪고 있는 여인이었습니다. 이 지방에 가뭄이 오래 되어 먹을 것이 없어지자 절망한 나머지 그녀는 자녀와 함께 생을 포기하려고 마음을 먹었습니다. 그래서 최후로 남은 밀가루로 떡을 만들어 먹고 자녀들과 같이 죽을 결심을 하였습니다. 그 때 엘리야가 그 마지막 남은 밀가루와 떡을 구울 기름을 달라고 요청합니다. 그러자 놀랍게도 이 여인은 그것을 하나님의 선지자께 드렸습니

다. 그러자 그녀의 가족들은 가뭄 시기가 끝날 때까지 부유하게 살 수 있었습니다. 하나님이 원하신 것은 씨앗입니다. 예수님께서도 벳세다 광야에서 수많은 군중을 먹이기 위해 소년의 도시락인 떡 다섯 덩이와 물고기 두 마리를 필요로 하셨습니다. 하나님은 이 믿음의 씨앗을 필요로 하시며 우리에게 요구하십니다. 풍요로운 재정을 베풀어 주시는 하나님의 원칙을 깨닫고 힘들 때일수록 십일조와 헌물을 정성껏 드려야 합니다.

시험 내용 2 : 십일조를 드리는 자의 태도

많은 사람들이 십일조를 드려도 성경에서 약속한 재정적인 축복은 얻지 못한다고 말합니다. 그래서 흔히들 십일조는 단지 수입의 일부를 교회에 드리는 것으로 여기고 있으며, 돈을 아깝게 생각하여 정확한 십일조를 드리기보다는 체면치레용 십일조를 드리는 사람이 적지 않습니다. 또한 십일조에 대한 부정적인 측면만을 생각하여 교회가 점점 재벌처럼 거대해지고, 교단의 비리나 교회의 비리 심지어는 목회자 비리의 온상으로 생각되기도 합니다. 그런 면으로 비치게 된 것은 그렇게 생각하는 사람들의 오해나 편견 때문이기도 하지만, 그동안 십일조를 성전 건축이나 기도원 확장 등의 특자금을 얻을 목적으로 곡해하여 강단에서 선포한 설교자들의 잘못도 있습니다.

지금까지 적지 않은 설교자들은 십일조만 드리면 축복의 씨앗이 되어 100배로 불어나서 풍요로운 삶을 살 수 있다고 강조하였습니다. 그 말을 믿고 많은 사람들이 축복의 수단으로 생각하여 부자가 되겠다는 생각만을 좇아 열심히 십일조를 드렸으나 사업은 점점 힘들어지면서 재정은 더욱 어려워져 실망하게 되고 하나님을 향한 믿음도 떨어지는데다가 그 관계도 멀어지는 계기가 되었습니다. 무엇이 잘못 되었을까요? 십일조가 재정적인 축복의 통로가 된다는 말씀은 거짓일까요? 성경은 완벽합니다. 당연히 거짓이 아닙니다. 성경 전체를 잘 살펴보면 십일조 축복의 보물 창고는 자물통이 하나가 아니라 세 개로 되어있음을 알 수 있습니다. 그 두 번째 열쇠가 십일조를 드리는 자세입니다.

> 태초에 하나님이 천지를 창조하시니라(창 1:1).

우리가 다 알다시피 이 세상을 만드신 이는 하나님이십니다. 이 세상에 있는 모든 것들도 하나님의 손으로 만들어졌습니다. 동물이나 식물, 광물들도 포함되어 있습니다. 금이나 은 같은 보석뿐만 아니라 우리가 그토록 갖고 싶어하는 땅을 만드신 이도 하나님이신 것을 인정해야 합니다. 세상 만물을 만드신 이가 바로 주인입니다. 그렇다면 우리가 가진 돈은 우리의 것이 아닙니다. 즉, 주인인 하나님께서 그분의 뜻을 위해 우리에게 맡기신 것입니다. 우리는 주인의 돈을 맡은 관리자입니다. 그렇다면 우리가 땀을 흘리고 노력하여 번 것은 우리의 것이 아니라는 것입니까?

> 네 하나님 여호와를 기억하라 그가 네게 재물 얻을 능을 주셨음이라 이같이 하심은 네 열조에게 맹세하신 언약을 오늘과 같이 이루려 하심이니라(신 8:18).

하나님은 우리가 얻은 재물도 하나님께서 능력을 주심으로써 얻을 수 있다고 말씀하십니다. 우리가 돈을 벌 수 있는 지식과 지혜와 건강등을 하나님께서 주시지 않았다면 아무리 노력하여도 얻을 수 없다는 것입니다. 즉 세상을 지으시고 우주를 운행하시는 하나님의 전지전능하심을 깨닫고 그분을 경배하고 예배하는 것에서부터 참된 믿음의 비밀을 알게 되는 것입니다.

관리자는 주인의 뜻을 잘 알아야 한다

이 세상의 주인이신 하나님은 돈에 대해 어떤 뜻을 가지고 있을까요? 하나님께서 우리에게 재물을 주신 이유는 두 가지입니다.

심는 자에게 씨와 먹을 양식을 주시는 이가 너희 심을 것을 주사 풍성하게 하시고 너희 의의 열매를 더하게 하시리니(고후 9 : 10).

하나님은 우리가 이 세상을 살아가면서 일용할 양식이 필요하다는 것을 아십니다. 그렇다고 모든 사람들이 다 농사를 지어 자신들의 먹을 양식을 스스로 재배할 수는 없습니다. 그러므로 각자 일용할 양식을 얻을 수 있는 능력을 주셔서 각자 직업에 필요한 건강과 지식과 지혜를 통하여 힘써 노동하여 수입을 얻게 하셨고, 그 수입으로 생활에 필요한 일용할 양식을 포함하여 생필품을 구매하도록 하셨습니다. 하나님은 우리를 만드셨기 때문에 우리가 이 세상에 살아나갈 수 있도록 필요한 먹을 양식과 입을 옷과 거주할 집을 주십니다. 그러므로 우리가 이러한 것에 대해서 걱정과 염려를 하는 것은 하나님을 믿지 못하고 그분의 공급하심을 의심하는 행위로 책망하시는 것입니다.

두 번째는 의의 열매를 맺기 위한 씨앗으로 우리에게 주시는 것입니다. 이 씨앗을 심어서 하늘나라 창고에 쌓아 30배, 60배, 100배로 불어나면 우리가 요청할 때나 하나님의 뜻에 의해 사용됩니다.

이 씨앗은 십일조와 헌물을 말합니다. 이 십일조와 헌물이 하나님께 드려져서 하나님 나라의 확장과 이웃의 구제에 쓰이는 것입니다. 그렇기 때문에 이 씨앗을 심을 사람이 필요한데, 이 씨앗을 심는 사람은 특별히 자격이 필요합니다. 곧 이러한 하나님의 뜻을 잘 알아야 하는 것입니다. 십일조와 헌물을 기꺼이 드리는 이유는 우리에게 온 재물은 우리의 것이 아니라 하나님의 것임을 인정하고, 돈을 잘 관리하여 삶을 영위하는 데 필요한 곳에 적절하게 사용합니다. 남은 돈을 다시 잘 투자하여 얻은 수익으로 하늘나라 확장과 불우한 이웃을 돕는 역할에 성실하고 정직하며 능력있는 관리자가 되기 위한 것입니다.

관리자는 주인의 뜻에 철저하게 순종해야 한다

교회에 등록하여 수년간 다니다보면 십일조나 헌금을 드려야 한다는 것을 모르는 사람이 없습니다. 그리고 그 필요성도 많은 설교나 가르침을 통해 잘 알고 있습니다. 그러나 아는 것에 비해 행동하는 데에는 인색하기 그지없는 사람들이 많습니다. 십일조와 헌물을 드리는 것은 부자 교회를 만드는 것이고, 별로 하는 것이 없어 보이는 목사들을 먹여 살리는 것이며, 그렇지 않아도 많은 게 교회들인데 더 많이 지어서 온 나라가 교회로 빡빡하게 만드는 것이라고 걱정(?) 아닌 걱정을 하는 사람들도 있습니다. 즉, 내가 고생하고 피땀 흘려 버는 돈을 드리는 것이 아깝다고 생각하는 것입니다. 그래서 십일조를 드려도 정확하게 드리지 않고 줄여서 드리거나 아예 십일조를 전혀 드리지 않는 사람도 있습니다. 그리고 헌금 드리는 시간에 딴 짓 하는 것이 민망해 천 원짜리 하나를 체면치례용으로 드립니다. 그리고 사업이 힘들고 수입이 줄어들고 회사 일이 안돼 부도가 나서 직장이 없어질까 걱정합니다.

하나님은 그런 사람들의 천 원짜리를 얻기 위해 손을 벌리시는 거지(?)가 아닙니다. 하나님은 자신의 돈을 맡기실 관리자의 믿음을 확인하기 위해 십일조와 헌금을 드리는 자세를 보고 계시는 것입니다.

하나님의 뜻을 잘 아는 것만이 중요한 것은 아닙니다. 그 뜻에 순종하는 것이 중요합니다.

> 사무엘이 가로되 여호와께서 번제와 다른 제사를 그 목소리 순종하는 것을 좋아하심 같이 좋아하시겠나이까 순종이 제사보다 낫고 듣는 것이 수양의 기름보다 나으니 (삼상 15 : 22).

우리가 자녀를 기를 때 자녀에게 요구하는 것이 많습니다. 열심히 공부하고, 편식하지 말고 골고루 음식을 섭취하고, 규칙적으로 운동하고, 열심히 책을 읽어 지식을 얻고, 재능을 개발하기 위해 열심히 배우기를 요구합니다. 그러나 자녀가 부모 앞에서는 듣는 척하고 고개를 끄덕이지만 정작 행동으로 옮기지 않는다면 실망하실 것입니다. 그와 마찬가지로 하나님은 열심히 드리는 것도 기뻐하시고 찬양과 기도를 통해 하나님을 만나는 것도 즐거워하십니다. 그러나 더욱 기뻐하시는 것은 하나님의 말씀에 순종하는 것입니다. 이것이 우리가 잘되는 길이기 때문입니다. 그리고 순종하는 자에게 자신의 계획을 말해 주시고 큰 재산을 맡겨 주시어 하나님의 큰 사업을 수행하도록 하십니다. 돈은 탐욕을 불러일으키는 엄청난 위력을 가지고 있습니다. 그 힘의 원천은 사탄으로서, 사탄은 돈의 엄청난 힘을 이용해 유혹하여 사람들로 하여금 자신의 종이 되도록 합니다.

> 마귀가 또 그를 데리고 지극히 높은 산으로 가서 천하만국과 그 영광을 보

여 가로되 만일 내게 엎드려 경배하면 이 모든 것을 네게 주리라 (마 4:8~9).

예수님께서 공생애를 시작하시려고 세례요한에게 세례를 받으시고 나서 광야에 40일 금식하러 가셨을 때 사탄이 어김없이 예수님을 시험하러 와서 세 번째 유혹으로 세상의 모든 것을 주겠다고 제의했습니다. 세상 재물을 다 주겠으니 나를 경배하라고 유혹했습니다. 물론, 예수님은 그 제안을 한마디로 일축해 버리고 말았지만, 어느 누가 이런 유혹이 올 때 예수님처럼 담대하게 사탄을 쫓겠습니까? 지금도 많은 뇌물과 이권을 앞세워 유혹하는 일들이 많이 있습니다. 말단 공무원뿐 아니라 심지어는 별을 몇 개나 단 장군들도 돈에 눈이 멀어 부정을 저지르고 일생의 명예에 먹칠을 하는 경우를 우리는 심심찮게 봅니다. 그렇기 때문에 큰돈은 탐욕을 일으키고 쾌락의 수단이기 때문에 하나님께서는 아무에게도 큰돈을 맡기지 않습니다. 어떠한 유혹과 시련이 닥쳐와도 하나님의 명령에 기꺼이 순종하는 관리자를 찾으시는 것입니다. 그러므로 하나님께 큰돈을 맡겨 달라고 요청하기 전에 내가 얼마나 하나님의 뜻에 순종하는 관리자로서의 자격을 갖추었는지를 점검하는 것이 순서입니다.

하나님의 것을 엄격히 구별하여야 한다

세상 사람들이 제사를 드릴 때도 제물은 정성껏 손질하여 제사가 끝나기까지 먹지 않습니다. 비록 제사를 받는 자가 잡신일지라도 드리는 사람들의 정성만큼은 우리가 배워야 한다고 생각합니다. 우리들은 하나님 것에 대해 이런 정성을 가지고 있는지 생각해 보아야 합니다. 구약 제사법에 의하면 하나님께 제사로 드리는 짐승은 흠이 없고 온전한 것이었습니다. 그것은 하나님께 드려지는 것이었기 때문입니다. 하나님께서 그 소나 양 같은 재물의 냄새나 연기를 좋아하셔서 그렇게 하는 것이 아닙니다. 제사를 드리는 사람들의 정성을 보시기 때문입니다.

요즈음의 교회는 '하나님은 사랑이시다' 라는 것만을 강조해서 언제나 우리의 죄와 허물을 용서해 주시는 하나님, 우리의 친구 되시는 하나님으로만 여기는 경향이 있습니다. 하나님을 우리의 경배와 경외의 대상이라기보다 친근한 이웃집 아저씨나 수시로 선물을 안겨주는 이모쯤으로 여기는 것은 아닌가. 물론, 하나님의 그러한 성품은 우리가 참 좋아하고 우리를 편안하게 해줍니다. 그러나 하나님은 그런 성품만 가지고 계신 것이 아닙니다. 구약에 보면 불의를 참지 못해서 이스라엘 백성이 죄를 범할 때마다 수많은 사람들의 목숨을 아끼지 않으시는 분입니다. 우리가 하나님의 것을 구별하지 않고 엄격하게 대하지 않는다면 하나님은 우리의 요청에 침묵하시며 그분이 필요하시다면 우리를 사람 막대기와 인생 채찍으로 다스리실 것입니다.

특히, 하나님의 재물을 관리하는 관리자를 원하실 때 더욱 엄격한 자격을 적용하십니다. 우리는 수입이 생기면 먼저 십일조를 떼어 가장 가까운 주일 교회에 드려야 합니다. 그러나 십일조를 떼어 다른 급한 일이 생기면 십일조를 먼저 그 일에 쓰고 채워 놓는 사람들도 있고, 정확한 십일조가 아니어도 남은 대로 대충 드리는 사람들도 있습니다. 그래도 마음의 죄책감이나 하나님에 대한 두려움이 없습니다. 하나님은 우리의 친구니까 나의 형편을 잘 알고 이해해 주실 거라고 생각하는 것 같습니다. 이러한 태도는 하나님의 것을 하나님의 것으로 구별되게 생각하지 않는 데서 비롯됩니다. 하나님은 영이시므로 우리의 생각이나 마음의 상태를 누구보다 더 잘 알고 계십니다. 구약의 이스라엘 백성에게 행하시던 하나님처럼 지금 자녀들의 행위를 판단하시면 살아남을 자가 하나도 없을 정도로 현대 크리스천들에게는 하나님을 두려워하지 않는 태도가 팽배합니다.

그렇기 때문에 불이 내려와서 태우고 땅이 갈라져서 삼키는 벌이 없더라도 우리가 힘쓰고 애써 드린 십일조는 아무런 효력도 없고 능력도 없이 십일조를 얼마 드렸다는 확인서의 의미로만 우리에게 되돌려집니다. 참 안타깝고 답답한 일입니다.

> 사람이 어찌 하나님의 것을 도적질하겠느냐 그러나 너희는 나의 것을 도적 질하고도 말하기를 우리가 어떻게 주의 것을 도적질하였나이까 하도다 이는 곧 십일조와 헌물이라 너희 곧 온 나라가 나의 것을 도적질하였으므로 너희가 저주를 받았느니라(말 3:8-9).

하나님의 저주란 우리를 전혀 상관치 않고 침묵하시는 것입니다. 차라리 하늘에서 불이 떨어지고 땅이 갈라져 삼키는 재앙을 본다면 우리는 그것을 통해서 많은 것을 깨닫고 하나님의 명령을 잘 지켜서 성경에 약속하신 많은 축복을 기대할 수도 있습니다. 우리의 삶이 빈궁함에서 오는 재정적인 고통에서 벗어나지 않는다면 우리의 자세를 다시금 돌이켜 보아야 합니다. 하나님은 지금도 우리에게 복 주시기를 원하고 하나님의 자녀인 우리가 이 땅에서 형통한 삶을 누리기를 원하십니다. 그러지 못하는 이유는 하나님이 원하시는 자격에 너무 부족하기 때문입니다. 하나님은 옛날이나 지금이나 똑같은 분이시고 공의로써 우리를 풍성한 삶으로 인도하기 원하십니다.

다섯째 비밀

영적 전쟁에서 승리하라

　　유선방송 채널 중에 실제 일어난 실화인데 과학적으로 해석할 수 없는 사건들을 소개한 방송이 있습니다. 내용은 대부분 귀신이 사람들에게 나타나서 괴롭힌다는 내용입니다. 사람들은 그 드라마를 보면서 두려워하면서도 호기심을 갖게 됩니다. 그리고 영적인 존재들을 생각하게 됩니다. 그러나 본인들이 실제로 겪지 않는 한 사람들은 이 같은 방송이 연출되었다거나 어떤 이의 착시나 환상을 과장한 이야기일 뿐이라고 생각합니다. 왜냐하면 귀신의 존재를 인정한다는 자신이 가지고 있던 사고방식의 틀을 뒤흔드는 문제이기 때문입니다.

　　그러나 교회에 나와 믿음을 갖기 시작하면 이런 귀신들의 존재를 차츰 사실로 인정하게 됩니다. 왜냐하면 성경에는 수많은 귀신들이 행동한 이야기가 구체적으로 기록되어 있고, 하나님은 우리가 살고 있는 세계와는 또 다른 영적인 세계를 말씀하시기 때문입니다. 그래서 어떤 사람들은 과학으로 입증할 수 없는 사건들을 신화나 전설처럼 여기고 초자연적인 것들을 인정하지 않습니다. 동정녀 탄생, 예수님의 부활, 귀신들의 활동과 같은 것들이 그 예입니다. 그러나 우리가 성경을 믿는다는 것은 성경 전체를 믿는 것입니다. 자신이 이해할 수 있는 것만을 믿고 이해할 수 없는 것들은 믿지 않는다면 성경을 온전히 받아들일 수 없으며 하나님을 알 수도 없습니다.

저도 개인적으로 대학 4학년 때부터 교회에 다니기 시작했으므로 이런 영적인 존재들을 인정한다는 것이 보통 어려운 일이 아니었습니다. 그러나 저는 기도의 응답을 통해서 하나님과 영적 실체를 믿을 수밖에 없는 사건들을 겪었고 마땅히 그것을 인정하게 되었습니다. 나중에는 귀신들과 대화하는 놀라운 일을 겪었으며 지금까지 살아오면서 상상할 수 없는 일들을 경험하고 나서 귀신들과 사탄의 존재도 지극히 당연한 일로 받아들이게 되었습니다. 그러므로 믿음이란 과학적인 증거를 토대로 얻어지는 것이 아니라 먼저 믿음으로 받아들일 때 볼 수 있고 알 수 있는 것들입니다.

도대체 누구와의 싸움인가?

우리의 씨름은 혈과 육에 대한 것이 아니요 정사와 권세와 이 어두움의 세상 주관자들과 하늘에 있는 악의 영들에게 대함이라(엡 6 : 12).

전쟁이 일어날 때 가장 많이 죽는 것은 군인이 아니라 민간인입니다. 군인들은 적의 공격에 대비해 무장하기 때문입니다. 전쟁 끝난 다음에 사망한 사람들을 세어보면 민간인들이 더 많습니다. 반면 민간인들은 자신들을 방어할 무기도 없고 공격에 대비한 준비도 없기 때문에 무차별 공격을 당하면 속수무책 피해를 입게 됩니다.

우리가 사는 이 세상도 사실은 악한 영들과의 치열한 싸움 가운데 있지만, 그 싸움의 실체를 모르는 사람들은 자신이 어떤 존재의 공격을 받았는지도 모른 채 삶의 고통과 괴로움이 팔자려니 생각하고 체념하다 죽어 갑니다. 그런 의미에서 영에 대해 무지한 사람은 위험하면서도 불쌍한 사람이기도 합니다.

믿음의 세계로 들어오면 우리는 악한 영들과 날마다 치열한 싸움을 벌이고 있다는 사실을 알게 됩니다. 그래서 믿는 자녀들이 헤어질 때 하는 인사가 '승리하세요!' 입니다. 그러나 싸움터에 있으면서도 그 사실을 모른다면 적의 포로나 인간 방패 신세 뿐일지도 모릅니다. 이 세상에 있는 악한 영들은 하나님이 사람들을 만들기 전부터 있었으며 하나님을 배반한 타락한 천사들로 성경은 소개합니다. 그들은 본성이 하나님을 거역하고 배반하며 하나님의 자녀들을 괴롭히고 넘어뜨려 자신들이 가야할 멸망의 지옥으로 같이 갈 동행자로 만들려 합니다. 우리는 그런 흉흉한 전선에서 살고 있습니다. 그 악한 영들은 영적인 존재이므로 우리 인간보다 능력이 뛰어나고 심지어는 하나님의 능력을 비슷하게 흉내낼 뿐 아니라 천사장 미가엘과 싸워도 손색없는 엄청난 능력이 있으므로 우리들은 하나님의 도움 없이는 백전백패할 수밖에 없습니다.

그 악한 영의 우두머리인 사탄은 사람들로 하여금 숭배를 받고 섬김을 받고 싶어 합니다. 즉 자신들이 하나님의 위치에 올라서고 싶어하는 것입니다. 사탄은 처음에는 하나님의 천사장으로서 하나님을 섬겼으나 교만해져서 하나님의 자리를 탐낸 결과 쫓겨났습니다. 그때부터 그들은 사람들에게 두려움을 주고 거짓 유혹함으로 자신들을 섬기게 하고 있습니다.

한 사람이 두 주인을 섬기지 못할 것이니 혹 이를 미워하며 저를 사랑하거니와 혹 이를 중히 여기며 저를 경히 여김이라 너희가 하나님과 재물을 겸하여 섬기지 못하느니라(마 6 : 24).

다이아몬드는 고대시대의 보석이 아닙니다. 고대 왕관에는 보석이 촘촘히 박혀져 있는데 그 보석들은 다 아름다운 색깔을 가진 것들입니다. 빨간빛은 루비, 녹색빛은 에메랄드, 파란빛은 사파이어, 하늘빛의 터키석 등 대부분의 보석들은 선명한 색깔을 뽐내며 많은 사람들에게 부러움을 사고 존귀함의 표증이 되었습니다. 그렇다면 다이아몬드는 그 때 없었을까요? 다이아몬드는 무색투명하고 찬란한 아름다움으로 유명합니다. 그러나 광산에서 캐낼 때는 58면의 빛나는 모양이 아니라 차돌멩이처럼 생긴 환한 돌입니다. 그것을 깎아서 모양을 낸 것입니다. 그러나 다이아몬드는 경도(긁히지 않는 성질)가 최고이므로 다른 것으로는 깎이지 않습니다. 그래서 다이아몬드를 가루로 빻아서 접착제로 붙인 원판으로 돌려서 서로 마찰을 일으켜 깎아내야 합니다. 고대에 다이아몬드가 없었던 것이 아니고 아름다운 보석으로 가공할 만한 기술이 부족했기 때문에 사람들이 알아채지 못했습니다. 이같이 재물 자체가 어떤 힘을 가지고 있는 것이 아니라 사람들이 그것을 얻으려고 욕심을 내고, 시기하고, 질투하고, 빼앗으려 하므로 사탄이 사람들의 탐욕을 이용하여 그것을 섬기게끔 하는 것입니다. 원래 돈 자체는 아무런 가치를 갖지 못하지만 사람들은 그것을 얻기만 하면 갖고 싶은 것, 먹고 싶은 것과 바꿀 수 있기 때문에 마치 어떤 무한한 힘을 가진 것처럼 생각합니다. 그 힘의 실체는 사람들이 욕망을 통해 부여한 것이고 사탄이 이를 교묘하게 이용함으로써 엄청난 세력으로 등장하여 하나님과 대등한 위치에 서서 하나님의 자리를 제치고 섬김을 받으려고 하는 것처럼 보입니다. 그러나 배후에는 사탄의 교묘한 음모와 교활한 잔꾀가 숨어 있음을 알아채야 합니다.

어떤 무기로 우리를 공격하나?

자, 그러면 사탄은 어떤 무기로 우리를 공격하는지 알아보겠습니다. 고대의 전쟁은 활과 창, 칼과 같은 무기로 싸웠기 때문에 병력이 많으면 많을수록 이길 확률이 높았습니다. 즉 맞붙어서 싸우다보면 병력의 우세가 전쟁의 승리를 좌우하기 마련입니다. 그러나 현대로 오면서 전쟁 무기가 발전에 발전을 거듭하여 현대전은 최첨단 무기의 경연장이 되었습니다. 그러므로 아무리 병력이 많다고 하여도 무기가 첨단화되지 못하면 전쟁에서 이길 수 없습니다. 지금은 통제소에 앉아 조종할 만한 먼 거리를 날아 공격하는 미사일이나 무인 폭격기, 로봇이 전쟁을 대신해 주기 때문입니다. 그렇듯이 사탄과의 전쟁에서 이기려면 사탄의 공격무기를 알아야 합니다. 그래서 그 공격을 잘 방어하고 이에 맞서 싸워 승리할 수 있는 것입니다.

탐욕성

사탄의 제1의 무기는 탐욕입니다. 즉 사람으로 하여금 탐욕을 일으키고 마음을 흔들어 하나님을 거역하게 만들고 범죄하게 만드는 것입니다.

> 베드로가 가로되 아나니아야 어찌하여 사단이 네 마음에 가득하여 네가 성령을 속이고 땅값 얼마를 감추었느냐(행 5 : 3).

아나니아는 아름다운 선행을 하고자 재산을 팔아 성전에 드리기를 원했습니다. 그러나 재산을 팔고 보니 엄청난 돈이 되었을 것입니다. 그러자 아까운 맘이 들었고 결국 돈이 탐이 나서 성령을 속이는 안타까운 일을 저질렀습니다. 베드로가 이를 책망할 때도 돈 얼마를 감춘 것에 초점을 맞춘 것이 아니라 사탄이 마음에 가득 찬 것을 들추어내었음을 볼 수 있습니다. 사탄은 사람들의 마음에 탐욕이 들게 하여 성령 속이는 일을 부추기고 있다는 것을 알 수 있습니다.

베드로가 가로되 네가 하나님의 선물을 돈 주고 살줄로 생각하였으니 네 은과 네가 함께 망할지어다(행 8 : 20).

사마리아 성에 있던 마술사 시몬은 베드로와 요한이 사람들에게 안수하여 성령 받는 것을 보았습니다. 그러자 시몬은 이 능력이 탐이 나서 베드로에게 돈을 줄 테니 이 능력을 자신에게 달라고 합니다. 그러자 베드로는 단호하게 하나님의 선물은 거저 주는 것이며 그가 탐욕의 수단인 돈과 함께 망할 것이라 말합니다. 그리고 베드로가 시몬을 바라보니 악독이 가득하며 불의에 매였다고 말합니다(행8:23). 즉 이 마술사 시몬은 사탄의 종이 되어 탐욕스러움을 잘 드러내고 있습니다. 이와 같이 사도들은 탐욕의 원천이 사탄으로부터 유래된 것을 분명히 알고 단호하게 꾸짖습니다. 사도들이 이같이 하는 이유는, 사탄은 틈만 주면 사람을 넘어뜨린다는 것을 잘 알고 있기 때문입니다. 그래서 성경은 탐욕과 사탄을 동일한 단어로 말하고 있습니다.

그러므로 땅에 있는 지체를 죽이라 곧 음란과 부정과 사욕과 악한 정욕과 탐심이니 탐심은 우상 숭배니라(골 3 : 5).

너희도 이것을 정녕히 알거니와 음행하는 자나 더러운 자나 탐하는 자 곧 우상 숭배자는 다 그리스도와 하나님 나라에서 기업을 얻지 못하리니 (엡 5 : 5).

곧 모든 불의, 추악, 탐욕, 악의가 가득한 자요 시기, 살인, 분쟁, 사기, 악독 이 가득한 자요 수군수군하는 자요(롬 1 : 29).

즉, 성경은 탐욕이 우상숭배이며 이는 사탄의 술수라는 것을 잘 말해 주고 있습니다. 그러나 우리는 돈이 필요한 세상에 살고 있으며 많은 돈 은 우리의 삶을 윤택하게 해준다는 사실을 잘 알고 있기에 성경에서 강하 게 경고하는 데도 불구하고 많은 경우 사탄의 덫에 걸려드는 것입니다. 사탄은 우리의 약점을 누구보다 잘 알고 있습니다. 우리의 의지력이나 자 제심을 가지고는 이런 사탄의 유혹을 이겨낼 수가 없습니다. 그러므로 이 러한 탐욕의 유혹이 오면 사탄의 그림자를 빨리 발견하고 물리치는 자가 되어야 합니다.

부하려 하는 자들은 시험과 올무와 여러가지 어리석고 해로운 정욕에 떨어 지나니 곧 사람으로 침륜과 멸망에 빠지게 하는 것이라 돈을 사랑함이 일만 악의 뿌리가 되나니 이것을 사모하는 자들이 미혹을 받아 믿음에서 떠나 많은 근심으로써 자기를 찔렀도다(딤전 6 : 9~10)

물신주의

> 한 사람이 두 주인을 섬기지 못할 것이니 혹 이를 미워하며 저를 사랑하거나 혹 이를 중히 여기며 저를 경히 여김이라 너희가 하나님과 재물을 겸하여 섬기지 못하느니라(마 6 : 24).

재물을 섬기는 사상을 물신주의라고 하는데, 우리가 살고 있는 경제체제를 자본주의라고 부르고 그러한 체제를 시행하는 나라가 자본주의 국가입니다. 자본주의 국가는 자본이 주인이 되는 국가입니다. 돈을 중심으로 나라가 돌아가고 세상이 돌아갑니다. 그렇기 때문에 모든 사람들이 재물을 숭배합니다. 심지어는 많은 돈을 벌기 위해서 인생을 바칩니다. 돈만 있으면 세상을 얻을 수도 있고, 사랑도 얻을 수도 있고 심지어는 행복도 얻을 수 있다고 생각합니다. 부모들은 자녀들이 어릴 때부터 공부를 열심히 하는 이유가 돈을 많이 벌어 편하게 살기 위한 것이라고 일러줍니다. 고등학생들도 성적만 좋으면 모두 의과대학에 진학해서 의사가 되려고 합니다. 과학고의 우수한 학생들이 공대로 가는 것이 아니라 의대로 가는 것만 봐도 돈이 얼마나 큰 영향력을 지니는지 알 수 있습니다. 미국에서 발표한 통계에 보면 평생 먹고 살 만한 돈을 주면 현재의 배우자와 이혼을 하고 자식도 버리겠다는 사람들이 30% 이상 나왔습니다. 돈만 있으면 아내나, 남편, 자식도 필요 없다고 생각하는 것입니다. 돈이 멋진 남편과 예쁜 아내를 살 수 있고 행복도 살 수 있다고 생각하는 것입니다. 그러므로 많은 돈을 위해 일생을 바칠 각오가 되어 있는 것입니다.

마귀가 또 그를 데리고 지극히 높은 산으로 가서 천하만국과 그 영광을 보여 가로되 만일 내게 엎드려 경배하면 이 모든 것을 네게 주리라 (마 4 : 8~9).

예수님을 시험했던 마귀는 자신을 경배하고 섬기기만 하면 세상의 모든 것을 주겠다고 합니다. 지금도 이렇게 사탄은 재물 뒤에 숨어서 사람들을 유혹하고 있습니다. 큰 재산만 있으면 세상을 얻을 수도 있다는 생각을 대변하는 것이 복권입니다. 언제부터인가 우리나라도 복권 열풍에 휩싸였습니다. 로또 복권이 나와서 당첨금을 수십 억 원 단위로 높이고 1등에 당첨된 사람들에 대한 소식이 언론에 발표되면서 너나없이 이 광란의 축제에 빠져 들고 있습니다. 시내 곳곳마다 복권방이라는 복권 판매소가 우후죽순처럼 생겨나고 월급을 전부 털어 복권을 사는 사람과 심지어는 등록금을 가지고 복권을 산 학생들까지 있다고 합니다. 복권에 당첨되면 회사도 학교도 다 필요 없다고 생각합니다. 인기가 이렇게 좋으니 방송에서도 이러한 분위기를 더욱 띄우려고 안간힘을 쓰고 있고 정부에서도 짭짤한 세금이 걷히니 국민들의 건전한 생활과 사고방식은 안중에도 없는 듯합니다. 그래서 제가 기독교 상담 코너에서 이런 생각의 위험함에 대해 얘기하니까 어떤 성도는 로또 복권이나 스포츠 복권 같은 것도 당첨되기 위해서는 열심과 노력을 필요로 하기 때문에 그렇게 나쁘게만 볼 것이 아니라고 항변해 오기도 했습니다.

악한 눈이 있는 자는 재물을 얻기에만 급하고 빈궁이 자기에게로 임할 줄은 알지 못하느니라(잠 28 : 22).

성경은 이런 자들을 악한 자라고 하며 부하게 되기는커녕 극심한 가난에 시달리게 되며 하나님의 징벌이 있을 것이라고 합니다. 그럼에도 불구하고 건전한 생각을 가졌던 사람들이 왜 갑자기 이런 세속주의나 물신주의에 빠지게 되었을까요?

사탄의 공격 전술은 다양합니다. 아직도 문명이 발달되지 않는 곳인 아프리카나 동남아시아의 오지 같은 곳에서는 주로 두려움이나 공포감을 이용하여 그들을 조종합니다. 그러나 문명이 발달된 선진국에서는 귀신이나 사탄의 존재를 믿으려 하지 않기 때문에 이러한 전술이 먹혀들지 않습니다. 그래서 지금은 이성적이고 합리적인 생각을 조종하여 그들을 섬기게 합니다. 즉 사람들이 탐내고 바라는 것 뒤에 숨어서 섬김과 경배를 받으려는 것입니다. 그러므로 대부분의 나라에서는 주로 돈을 앞세워 사람들을 자신의 노예로 만듭니다. 공중권세를 잡은 사탄은 방송이나 언론 등을 이용하여 사람들의 생각을 하나님에게서 떠나 그들이 원하는 곳으로 집중하게 만듭니다. 그래서 주로 사용하는 것이 돈이고 돈을 신처럼 섬기고 추구하게 만드는 것입니다. 이것이 바로 물신입니다. TV 드라마에서는 재벌들의 이야기가 이웃집에서 일어나는 것처럼 다루고 있고 의사나 변호사 등 상류계급들이 주인공입니다. 또한 텔레비전이나 신문 광고들은 돈만 있으면 무엇이든 할 수 있다는 환상을 심어줍니다. 예를 들어, 모 카드사의 광고 카피는 '당신의 능력을 보여주세요.' 입니다. 돈을 대출받을 수 있는 능력이 최고의 사람이라는 착각을 들게 합니다. 이런 것을 보고 자란 아이들은 평생 돈을 얻기 위하여 공부하고, 직업을 얻고, 결혼하고, 사업을 하고, 돈을 모으고, 돈을 보관하고, 돈을 투자해서 수익을 얻으려고 애쓰면서 살다 죽어가는 것입니다. 이런 생각 속에는 하나님이 끼어들 여지도 없고 끼어든다 해도 혹시 모를 내세의 티켓을 가져다주는 액세서리에 불과합니다. 돈이 하나님의 자리에 앉아 있는 것입니다.

쾌락주의

> 그러므로 땅에 있는 지체를 죽이라 곧 음란과 부정과 사욕과 악한 정욕과
> 탐심이니 탐심은 우상 숭배니라(골 3 : 5).

> 너희도 이것을 정녕히 알거니와 음행하는 자나 더러운 자나 탐하는 자
> 곧 우상 숭배하는 자는 그리스도와 하나님 나라에서 기업을 얻지 못하리니
> (골 3 : 5)

쾌락을 추구하는 삶이란 자기 즐거움을 위하여 살아가는 삶을 말합니다. 즐거움을 추구하는 것이 나쁜 것은 아니지만 자기 몸을 쾌락의 대상으로 삼는 것은 악한 일입니다. 하나님은 사람을 지으시고 하나님의 자녀로서 살아가기를 원하십니다. 그래서 우리에게 성령님을 보내주시어 우리의 앞길을 인도하고 동행하여 하나님의 뜻대로 살기를 바라십니다. 그래서 우리 몸은 성령님을 모시고 살아가야 하며 우리의 삶 자체가 하나님께 예배드리는 생활이 되어야 하는 것입니다. 그러나 하나님께서 주신 감각을 이용하여 쾌락을 추구하는 삶은 하나님의 뜻을 거역하고 배반하는 악하고 더러운 삶입니다.

위의 성경구절에서 보듯이 탐욕과 동등하게 나와 있는 것이 음행하는 것입니다. 음행이란 성적으로 범죄하는 것을 말하는데 현대사회는 음행에 대하여 관대해지고 있으며 사회 전체가 음란을 부추기는 분위기에 휩쓸려갑니다. 그래서 온갖 영화나 드라마에서도 불륜이라는 주제가 빠지지 않고 있으며 성적 호기심을 만족시켜 주는 영화가 대박을 터트리기도

합니다. 그래서 연예인들은 너도나도 누드집을 내어 인기와 돈을 얻고자 애를 쓰고 있는 것입니다. 하나님은 자신의 몸을 이용해 즐거움을 얻는 행위는 악한 것이라고 말씀하고 계십니다. 이 중에도 간음은 몸으로 지을 수 있는 가장 큰 죄일 뿐 아니라 사람들의 가슴에 크나큰 상처를 주기 때문에 하나님은 이 같은 행위를 철저하게 금하십니다. 그러나 안타깝게도 시간이 지날수록 간음은 급증하고 있습니다.

쾌락을 추구하는 사람들이 필요한 것은 돈입니다. 담배나 술을 사려고 해도 돈이 필요하며 음란한 즐거움을 얻으려 해도 많은 돈이 필요합니다. 결국 돈을 얻으려는 동기나 목적은 쾌락을 사랑하는 마음에서 비롯된 것입니다. 이 같은 쾌락주의는 쾌락의 정도를 더욱 깊게 추구하도록 만드는데, 처음에는 담배로 얻는 쾌락으로 시작해 술, 마약, 심지어는 간음으로 쾌락의 절정에 달하게 됩니다. 쾌락은 더 깊은 쾌락을 요구하게 만들고, 더욱 많은 돈에 허덕이게 만듭니다. 심지어는 살인도 서슴지 않을 정도로 정신이 황폐해져 비정상적인 삶의 수렁에서 허우적거리게 됩니다.

전쟁에 패한 자의 결과는 어떠한가?

고대 전쟁에서 보면 지는 나라의 사람들은 모두 포로로 끌려가고 재산은 몰수당합니다. 그리고 포로로 끌려간 사람들은 고귀한 신분과 왕족, 부자들로 재산을 빼앗기고 노예로 전락합니다. 가족들은 뿔뿔이 흩어지고 국가는 없어집니다. 그러므로 전쟁에 패한다는 것은 곧 노예 신분이 됨을 의미합니다. 그리고 그 시대의 노예란 사람이 아니라 상품에 불과합니다. 주인이 때리거나 심지어는 죽여도 문제가 되지 않습니다. 노예는 결혼해도 그 자녀를 자신의 자식이라고 주장할 권리조차 없습니다. 즉 노예란 사람이 아니라 짐승만도 못한 존재입니다.

　영적 전쟁에서 패한 사람들의 결과는 어떠한 모습일까요? 당연히 사탄과의 싸움에서 졌기 때문에 사탄의 노예입니다. 사탄의 목적은 사람들을 죽이거나 멸망시키고 괴롭히며 궁극적으로는 자신이 가야할 최종목적지인 지옥으로 동행하고자 합니다. 그러므로 사탄의 노예가 된 자들은 세상에 살 때에도 지옥 같은 고통을 겪다가 끝내는 지옥의 불 못에 들어가야 하는 불쌍하고 안타까운 신세가 되는 것입니다. 그렇다면 영적인 전쟁에서 패배하여 사탄의 노예가 된 자들은 이 땅에서 사는 동안 어떤 고통을 받게 될까요?

악성 부채

　악성부채란 도저히 갚을 수 없는 빚을 말합니다. 악성부채에 시달려 본 적이 있는 사람들은 이 고통이 얼마나 큰 괴로움을 주는지 잘 알 겁니다. 부채를 갚지 못하면 채권자는 갚으라고 독촉을 합니다. 매일같이 전화를 하고 방문을 해서 가족들은 전화벨이 울리기만 하면 불안에 떨게 됩니다. 그래도 갚지 않으면 재산을 처분하고 처분할 재산이 없으면 월급을 차압하고 집안의 가재도구를 경매 처분합니다. 월급을 차압하면 회사를 다닐 의미가 없기 때문에 사직서를 내게 되고 가재도구에 빨간 딱지를 붙여서 경매처분을 합니다. 그러는 와중에 가족들은 뿔뿔이 흩어져 친척집으로 부모 형제의 집으로 가게 됩니다. 부부는 싸움에 지쳐 이혼을 결심하게 됩니다. 그래서 견디다 못한 가장은 집을 나와 공원이나 지하철역을 떠돌거나 이러한 삶을 도저히 견디지 못하겠다 싶으면 자살을 감행하기도 합니다. 어떤 경우는 일가족이 동반하여 죽습니다. 아무것도 모르는 어린아

이가 포함되어 있기도 합니다. IMF 시절에는 뉴스에 종종 비치더니 지금은 그 수가 너무 많아 뉴스로 취급하지도 않습니다. 당연히 하나님과의 관계는 멀어지고 신앙을 잃게 됩니다. 세상을 한탄하기에는 이미 지쳐있고 자포자기하는 심정으로 죽는 날만 기다리며 사는 것입니다. 변변한 직장은 다닐 수가 없고, 사업자등록을 내어 사업도 못하며, 은행통장도 개설할 수 없고, 심지어는 휴대폰의 개설조차 할 수가 없습니다. 자본주의 사회에서의 악성부채는 팔, 다리 없이 살아가는 것과 같은 고통입니다. 그러므로 열심히 살 의욕을 잃고 미래를 포기하게 되는 것입니다.

지금 우리나라의 신용불량자는 400만 명에 육박합니다. 4가구 중에 한 가구 꼴입니다. 그리고 가구당 평균부채는 약 3,000만 원이며 수입 중의 25%를 빚을 갚는 것에 지출하고 있습니다. 빚을 갚을 수 있다면 문제가 악화되지 않지만 빚을 갚지 못한다면 악성부채의 구렁텅이로 떨어지게 됩니다. 당해 보지 않은 사람은 악성부채에 빠져 있는 상태가 얼마나 고통스러운지 상상할 수조차 없습니다. 누구나 그런 일이 닥치리라 생각하고 사는 사람은 없습니다. 그러나 갑자기 직장을 잃고 모아놓은 돈 없이 3개월만 지나도 카드빚을 갚지 못해 신용불량자의 신분이 됩니다. 이 일은 누구에게나 쉽게 닥칠 수 있는 일입니다. 갑자기 직장을 잃게 되는 일은 심심치 않게 겪는 경험입니다. 여러분에게도 이런 일이 닥칠 수 있습니다. 사탄의 덫은 멀리 있는 것이 아닙니다. 여러분이 빚을 심각하게 생각하지 않고 있다면 벌써 사탄이 뿌려 놓은 지뢰밭에 들어가고 있는지도 모릅니다.

근신하라 깨어라 너희 대적 마귀가 우는 사자 같이 두루 다니며 삼킬 자를 찾나니 (벧전 5:8).

대를 잇는 극한 가난

주의 성령이 내게 임하셨으니 이는 가난한 자에게 복음을 전하게 하시려고
내게 기름을 부으시고 나를 보내사 포로 된 자에게 자유를, 눈먼 자에게 다시
보게 함을 전파하며 눌린 자를 자유케 하고 주의 은혜의 해를 전파하게 하려
하심이라 하였더라(눅 4 : 18~19).

예수님께서 이 땅에 오신 이유는 복음을 전하기 위해서입니다. 그리고
성경은 가난한 자에게 복음을 전하러 오셨다고 말하고 있습니다. 왜냐하
면 가난의 근원은 하나님을 멀리 떠나 범죄하여 사탄의 노예로 전락했기
때문입니다. 사탄은 무슨 목적으로 사람들을 자기 수하로 끌어들이려고
할까요?

도적이 오는 것은 도적질하고 죽이고 멸망시키려는 것뿐이요 내가 온 것은
양으로 생명을 얻게 하고 더 풍성히 얻게 하려는 것이라(요10 : 10).

성경은 사탄이 이 땅에 온 것은 도적질하고 죽이고 멸망시키기 위함
이라고 말하고 있습니다. 도둑이 들어 다 훔쳐간 집안에 남은 것은 먼지
뿐입니다. 사탄이 지배하는 자의 삶은 이렇게 가난한 삶일 수밖에 없습니
다. 고대 노예들은 재산목록 1호였습니다. 그래서 노예가 많으면 당연히
부자였습니다. 그래서 노예들이 도망가면 엄청난 현상금을 걸고 그들을
잡으려고 혈안이 되었습니다. 재산을 잃어버렸기 때문이기도 하지만 다
른 노예들이 본받아 또다시 도망치지 못하게 하려는 것입니다. 이와 마찬

가지로 사탄의 노예가 된 사람들도 사탄이 놓아주려고 하지 않습니다. 그래서 그들은 자식을 낳고 또 손자를 보아도 그들 가족 전체가 사탄의 노예가 되어 극심한 가난을 겪는 것입니다. 가난하므로 제대로 교육을 시키거나 공부할 환경이 되지 않고 그러다가 그들이 성인이 되어 결혼을 해도 부유한 수입을 얻을 능력이 없으므로, 다시 힘든 노동이나 값싼 노동력의 제공자가 됩니다. 힘든 일은 당연히 병을 얻게 됩니다. 병들어 누워 있으면 수입이 없는데도 치료비가 필요합니다. 그래서 또 빚을 짊어져야 합니다. 이러한 빈곤의 악순환이 대를 물려 내려가고 있는 것입니다. 이렇게 극한 가난의 악순환 배후에는 사탄의 쇠사슬이 묶여 있다는 것을 깨달아야 합니다. 그래서 극한 가난 속에 있는 집안은 범죄, 저학력, 미혼모, 알코올 중독 등이 서로 안개처럼 떠돌아다니며 가난의 저주라는 강한 쇠사슬로 그 집안을 묶음으로 대를 이어 내려가도 풀 수가 없는 것입니다.

영혼을 팔아 얻은 재산

세 번째로 사탄이 주로 쓰는 공격 무기는 자신의 몸과 영혼을 갉아먹는 재산입니다. 많은 사람들은 재산을 모으기 위해 일생을 바칩니다. 아침 새벽부터 밤늦게까지 일요일도 없고 휴가도 반납한 채 오직 부자가 되겠다는 일념으로 살아갑니다. 아내가 옷을 산다고 하면 핀잔을 주고 아이들의 용돈 투정도 자장가로 듣습니다. 그렇게 돈을 모으기 위해 자신의 인생과 가족들의 인생을 모두 바쳐서 결국 돈을 모아 부자가 되었습니다. 그러나 그는 이웃의 부자와 비교하여 자신이 아직도 가난(?)하다고 여겨 이전보다 더 심하게 돈을 모으고 모은 돈을 쓰지 않습니다. 그래서 그가 얻은 별명이 구두쇠입니다. 옛적부터 부자에게 구두쇠나 노랭이 같은 별명이 붙은 이유는 그들이 돈에 대한 병적인 집착입니다. 대부분의 부자들이 겪는 병적인 증상은 의외로 두려움입니다. 자신의 돈이 잃어버리지 않을까, 누군가가 훔쳐가지 않을까 하는 두려움으로 아무도 믿지 않는 병까지 얻습니다. 심지어는 자식이나 배우자도 믿을 수가 없습니다. 이 두려움은 누가 주는 것일까요?

> 사랑 안에 두려움이 없고 온전한 사랑이 두려움을 내어 쫓나니 두려움에는 형벌이 있음이라 두려워하는 자는 사랑 안에서 온전히 이루지 못하였느니라 (요일 4 : 18).

두려움은 하나님의 반대쪽에 있는 세력의 주요한 공격 수단입니다. 하나님은 사랑이시지만 사탄은 두려움을 가져다주는 자이고 이 두려움을 이용해 사람들을 자신의 포로로 만듭니다. 생명과 같은 돈이 없어질까 하는 두려움으로 이 불쌍한 부자는 밤낮으로 잠도 제대로 자지 못하고 걱정과 근심으로 몸과 영혼은 파리해지고 쇠약해지고 있습니다. 돈이 사람의 주인이 되어 버린 결과입니다.

> 내가 해 아래서 큰 폐단이 되는 것을 보았나니 곧 소유주가 재물을 자기에게 해 되도록 지키는 것이라(요일 4 : 18). .

그래서 성경은 자신의 몸이 망가지도록 재산을 지키는 부자를 세상에서 가장 큰 불쌍한 사람이라고 말하고 있습니다.

> 의인의 집에는 많은 보물이 있어도 악인의 소득은 고통이 되느니라(잠 4 : 18).

사탄도 돈을 이용해 사람들을 포로로 잡고 삶에 고통과 괴로움을 가져다줍니다. 부유하게 되고 부자가 되는 것은 모두 하나님만이 하시는 일은 아닙니다. 사탄도 세상을 주관하고 공중의 권세를 잡은 자이기 때문에 엄청난 재물을 줄 능력이 있습니다. 그러나 사탄이 주는 재물은 기쁨과 즐거움의 원천이 아니라 괴로움과 두려움의 원인이 됩니다.

영적 전쟁에서 승리하려면 어떻게 해야 하나?

틈을 보이지 말라

아프리카의 사바나에서는 맹수들이 그들의 먹이를 노리며 바라보고 있습니다. 아무리 사납고 무서운 무기를 지닌 맹수라도 소나 사슴, 멧돼지들을 모두 공격하는 것은 아닙니다. 다 자란 어미 소들의 뒷발이나 멧돼지의 어금니는 맹수에게 치명적인 부상을 입힐 수 있기 때문입니다. 그러므로 맹수들이 노리는 것은 병들고 쇠약해진 먹잇감을 찾거나 새끼들을 주로 노립니다. 그 먹잇감들은 쉽게 도망가지 못하고 도망가더라도 맹수들의 추격을 따돌리기에는 무력하기 때문입니다. 이처럼 사탄도 허점을 지닌 사람들을 공격합니다.

재정적으로 틈을 보이는 사람들은 빚을 지고 있거나 씀씀이가 헤프고 충동구매나 과소비 등 재정 관리를 제대로 하지 못해 곧 채무를 지기 쉬운 사람들을 말합니다. 이들은 사탄의 공격 대상이 되며 곧 빚을 지게 되고 이 빚들이 커져 악성부채를 얻어 결국 사탄의 먹잇감이 되게 합니다. 그러므로 이런 틈을 보여서는 안 됩니다. 사탄의 공격 대상이 되지 않으려면 빚을 지지 않는 것이 최고의 방법입니다. 빚을 지면 빠른 시일 내에 갚아서 빚에서 자유로워져야 합니다. 성경은 빚을 지는 것을 금하지는 않지만 갚을 수 없는 빚을 지는 사람을 악인이라고 합니다. 악한 사람은 당연히 사탄의 부하가 되는 것입니다.

> 부자는 가난한 자를 주관하고 빚진 자는 채주의 종이 되느니라(잠 22 : 7).

빚을 지지 않으려면 수입보다 지출이 적어야 합니다. 그러므로 예산안을 수립해서 재정을 관리해야 하며 가계부를 쓰면서 지출을 통제해야 합니다. 충동구매나 과소비의 주범이 되는 신용카드의 사용을 경계해야 합니다. 특히 사채를 쓰는 것은 어떤 이유라 해도 금해야 합니다. 이는 어떤 행위를 통제해서 되는 것이 아니라 평소에 건전한 소비 습관과 저축하는 습관을 길러야 가능한 일입니다.

사악한 영적 실체를 깨달아야 한다

간첩들은 주로 밤에 활동을 하기 때문에 밤에도 휴전선에 있는 군인들은 그들의 행동을 지켜볼 수 있도록 라이트를 켜서 좌우를 살피거나 밤에도 관찰이 가능한 적외선 투시경을 통하여 감시합니다. 문명사회에서 사탄들은 그들의 정체를 드러내지 않고 위장을 하여 접근합니다. 그래서 우리는 사탄들의 정체를 예리하게 관찰해야 합니다. 그래야 그들의 공격을 성공적으로 방어할 수 있습니다. 사탄들은 큰돈 뒤에 숨어서 탐욕을 자극해서 사람들을 유혹합니다. 요행을 이용해 이익을 얻으려는 사행심의 대표적인 상품인 복권이나 심심풀이로 자주 접하는 고스톱 같은 도박을 통해서도 접근합니다. 그리고 갑자기 부자가 될 수 있다고 속삭입니다. 뇌물이나 검은 돈, 이권, 묻지마 투자와 같은 투기, 여러 투자 상품을 통해서 인생에 단 한번 뿐인 기회라고 속삭입니다. 그러나 우리는 이 같은 속삭임 뒤에 숨어 있는 사악한 영의 실체를 발견해야 합니다. 여기에 빠진 사람들은 자신을 탐욕과 조급함으로부터 절제하지 못함으로 그들이 처놓은 덫에 걸려들게 되는 것입니다. '세상에는 공짜가 없다' 라는 말은 평범한 말 같지만 빛나는 인생의 지혜가 깃들여 있는 말입니다. 조상들이 인생을 살아가면서 수많은 시행착오를 통해 걸러낸 결론이기도 합니다.

성령님과 동행해야 한다

마약을 탐지하는 탐지견은 사람이 찾아낼 수 없는 곳을 후각을 이용하여 찾아냅니다. 훈련받은 개는 사람의 후각보다 수백 배의 감지력을 가지고 있다고 합니다. 우리 인간은 영적 존재인 사탄의 능력에 대항해서는 한없이 무력할 수밖에 없습니다. 아무리 철저하게 준비하고 경계하고 있더라도 우리는 타락한 얼룩이 묻은 채 살아가기 때문에 한 순간의 유혹에 넘어갈 수 있습니다. 그러므로 우리는 성령님의 도우심을 필요로 해야 합니다.

이와 같이 성령도 우리 연약함을 도우시나니 우리가 마땅히 빌바를 알지 못하나 오직 성령이 말할 수 없는 탄식으로 우리를 위하여 친히 간구하시느니라 (롬8:26).

성령님은 우리가 연약하고 부족한 존재임을 잘 알고 계십니다. 그래서 우리와 동행하시고 인도하시는 역할을 하고 계십니다. 그러나 성령님은 영이시므로 우리가 늘 그분과의 관계를 친밀하게 유지해야 합니다. 기도함으로 성령님과 늘 쉬지 않고 교제하고 대화하는 친밀한 관계를 가져야 합니다. 그리고 성경을 묵상함으로 하나님이 우리에게 원하시는 뜻을 살

피고 그 명령들을 지켜나가야 합니다. 이런 성숙한 신앙의 자세는 성령님의 인도하심을 구하고 기도응답을 받는 지름길입니다. 그러면 우리가 알지 못하고 깨닫지 못하는 일까지 알게 해주시고 지혜를 주셔서 시험이 와도 피할 길을 주시며 환경을 열어 주셔서 감당케 하여 줍니다. 언제나 성령님과 동행하는 삶을 살아간다면 사탄의 계략과 흉계중에도 안전하게 살아갈 수 있습니다.

성경이 말하는
백만장자의
10가지 키워드

여섯째 비밀

세상의 제도를 지혜롭게 활용하라

우리는 세상 속에 살면서 하나님의 나라를 지향하고 있습니다. 그렇기 때문에 이 세상에 속하는 동안 세상의 법과 제도를 지키며 살아가야 합니다. 그러나 적지 않은 크리스천들이 이 세상에 속한 국가나 정부, 자치단체가 하나님께 속하지 않고 사탄에 속한 것으로 생각하고 있습니다. 그래서 나라에서 시행하는 제도나 법에 대해 부정적으로 생각하고 잘 따르지 않거나 적극적으로 동참하지 않으려고 합니다.

> 각 사람은 위에 있는 권세들에게 굴복하라 권세는 하나님께로 나지 않음이 없나니 모든 권세는 다 하나님의 정하신 바라(롬 13 : 1).

성경은 세상에 속한 나라나 그 나라에게 주어진 권세가 하나님으로부터 나왔음을 말해줍니다. 그러므로 그 나라에서 시행하는 제도도 하나님으로부터 나왔음을 인정해야 합니다. 물론, 그러한 권세와 제도가 하나님으로부터 나왔다 하더라도 그 권세와 제도를 시행하는 인간이 본성적으로 타락한 존재이므로 얼마든지 하나님의 뜻을 벗어나서 시행할 수도 있습니다. 그래서 오늘날 우리가 살고 있는 세상에 온갖 불의, 압제, 불법 등이 판치고 있습니다. 그렇다고 이 세상의 제도 자체가 그런 것이라고 확대해서 생각할 필요는 없습니다. 세상은 어차피 그런 곳이기 때문입니다. 그러므로 우리는 성경을 비추어보아 지혜롭게 판단해야 합니다.

보라 내가 너희를 보냄이 양을 이리 가운데 보냄과 같도다 그러므로 너희는 뱀 같이 지혜롭고 비둘기 같이 순결하라(마 10 : 16).

아주 재미있는 예화를 소개하고자 합니다. 강가에 살고 있는 사람의 집에 큰 비가 와서 물이 들어차고 불어나 지붕 위로 피신하게 되었습니다. 그리고 물이 금방 불어나 순식간에 자신을 덮을 것을 두려워한 나머지 하나님께 이 위기에서 구해달라고 기도하였습니다. 잠시 후에 헬리콥터 소리가 들리더니 밧줄이 내려오면서 누군가가 타라고 하였습니다. 그러자 그는 하나님께서 구해 주신다고 하셨으니 괜찮다고 거절했습니다. 그리고 얼마 후 모터보트가 나타나서 구명튜브를 던져주더니 어서 그걸 잡고 배에 오르라고 권유했습니다. 그래도 그는 또다시 거절했습니다. 그리고는 얼마 후 물이 불어 그만 물에 빠져 죽고 말았습니다. 그래서 천국에서 하나님을 만나 왜 천사를 보내 자신을 구해 주지 않았냐고 불평했습니다. 그러자 하나님께서는 헬리콥터와 배를 보내서 구해주려고 했는데 왜 거절했냐고 도리어 반문했다는 우스갯소리가 있습니다. 이처럼 하나님께서는 우리가 기도하면서 요청한 것들은 응답해 주신다고 성경에 여러 차례 약속하였습니다. 그러나 이 응답이라는 것은 천사가 나타나 초자연적으로 해결해 주거나 하나님께서 기적을 베풀어 신기하게 응답해 주시는 것이 아닙니다. 그 응답은 대부분 이 세상의 제도나 환경을 통해 오는 것입니다. 그러므로 우리는 이 세상의 제도나 법을 잘 알고 지혜롭게 이용해야 합니다.

1. 저축하기

돈은 누구에게나 선망의 대상이 되는 물질입니다. 특히 많은 사람들이 거액의 돈을 평생의 목표로 추구하고 있습니다. 크리스천도 거부가 되고 싶은 마음은 세상 사람과 똑같습니다. 그래서 기도 제목의 가장 앞에 복을 달라고 하는 것이며 이 복이란 대부분 재물의 복을 말합니다. 그렇지만 이집트에서 탈출한 이스라엘 백성들이 매일 아침 거두러 나갔던 만나와 같이 기적적으로 우리에게 주시지 않습니다. 하나님은 어떻게 우리에게 필요한 돈을 주실까요? 어느 날 내 계좌번호에 거액의 돈이 입금이 되어있다거나 로또 복권에 당첨이 되는 것이 아닐까요? 정답은 'NO'입니다. 하나님의 원칙은 합리적이며 정상적인 방법을 사용하십니다. 그러므로 우리가 일상생활에서 필요하거나 하나님 나라의 확장에 필요한 돈은 우리 스스로 얻을 수 있는 능력을 통해 주십니다. 때때로 기적적인 방법으로 환경을 열어 주시는 경우도 배제할 수는 없지만 이런 경우는 매우 드문 경우입니다. 왜냐하면 하나님은 자신이 세운 자연의 법칙을 깨뜨려 가며 공의를 펼치시지 않을 것이기 때문입니다. 그렇기 때문에 우리는 지혜와 능력을 통해 필요한 돈을 모아야 하는 것입니다.

네 하나님 여호와를 기억하라 그가 네게 재물 얻을 능을 주셨음이라 이같이 하심은 네 열조에게 맹세하신 언약을 오늘과 같이 이루려 하심이니라(신 8:18).

저축은 보통 수입에서 지출을 빼면 저축할 금액이 나오겠지만 그렇게 해서는 저축하기가 힘듭니다. 소비를 하려는 욕망은 끝이 없으니까요. 그러므로 먼저 저축 목표를 세우고 나머지 금액을 가지고 지출 계획을 세워야 합니다. 저축 목표는 부부 중 한 명이 수입이 있다면 20~30%, 맞벌이 부부의 경우 40~50%가 이상적인 목표로 전문가들은 추천합니다. 수입이 많다고 해서 저축을 많이 하게 된다는 보장은 없습니다. 지출을 통제해야 하는데 그런 경우 예산안을 짜서 지출 계획을 세우고 지출 통제는 가계부를 작성하는 것이 가장 일반적인 방법입니다. 대부분의 가정에서 저축을 힘차게 시작하면 지출을 줄여야 하는 것을 의미합니다. 줄일 수 있는 지출항목은 외식이나 야유회 비용 같은 문화비, 용돈, 사교육비, 경조사비 등의 변동 지출항목을 지혜롭게 줄여야 합니다.

저축의 수단으로는 계나 은행 적금이 대표적입니다. 계는 은행보다 수익률이 높기는 하겠지만 위험합니다. 열 번 성공했어도 평생 한번 실패했다면 그동안 올렸던 수익은 다 까먹은 셈입니다. 저축 상품은 안정성 위주의 상품을 이용해야 합니다. 은행의 저축 상품은 안정성이 높아서 원금을 잃을 염려는 없겠지만 수익성이 높지는 않습니다. 사실 요즘 정기적금의 이자는 3~4%대입니다. 그래서 물가상승률을 감안한다면 쌓이는 돈이 거의 없다고 보아야 합니다. 그러므로 정부에서 주는 혜택을 최대한 이용해야 합니다. 정부에서 주는 혜택은 소득공제, 비과세, 세금 우대, 세액공제 등이 있습니다. 소득공제는 소득에서 공제해주어 소득세를 줄여주는 효과를 말하고, 세액공제는 세금을 줄여주는 것입니다. 그러나 세액공제 상품은 주식에 투자하는 상품이므로 저축 상품으로는 적합하지 않습니다. 그 다음으로 비과세는 이자 소득세를 면제해주는 것을 말합니다. 이자 소득세는 이자의 15%이지만 주민세를 포함하면 16.5%가 됩니다. 세금 우대 상품은 이자소득세 10.5%(농어촌특별세 포함)를 징수하는 것을 말합니다. 즉 이자소득세는 이자에 한해서 16.5%를 징수하지만 이런 정부의 혜택에 따라 징수하지 않거나 덜 징수하는 상품이므로 실제적인 수익률을 높여 주는 효과를 주고 있습니다. 또한, 농협이나 수협, 신협은 조합예탁금이 있는데 이 기관들도 2,000만 원까지는 이자소득세가 면제되고 있습니다.

이용해야 할 금융 기관은 은행보다는 상호저축은행, 농·수협, 신협, 새마을금고 등이 이자가 더 높습니다. 왜냐하면 이 기관들의 기금을 운영하는 방법이 은행보다는 더 공격적으로 수익률이 높은 곳에 투자하고 있기 때문입니다. 그렇기 때문에 부실화 가능성이 높기도 합니다. 그러나 이들은 예금자보호법이나 자체 내에서 예금보호기금을 설정하여 1인당 5,000만 원까지 예금을 보호해 주고 있으므로 아직까지는 이러한 금융 기관의 소규모나 부실화에 대해 걱정할 필요는 없습니다.

2. 투자하기

투자하는 것의 의미는 종자돈을 이용하여 돈을 불리는 것이라고 말할 수 있습니다. 그러므로 수익성 높은 투자에 대한 관심은 누구나가 가지고 있습니다. 그러나 투자는 수익성과 더불어 원금을 잃을 수 있는 위험성이 도사리고 있고, 수익성이 높은 투자는 탐욕을 불러일으켜 사탄들이 사람들을 넘어뜨리고 자신의 노예로 만들기 위한 수단으로 사용하고 있습니다. 그러므로 투자를 하기 위해서는 투자에 대한 지식과 경험을 쌓아 위험을 안으면서 수익을 올릴 수 있는 능력을 갖추어야 하기도 하지만 사탄의 공격에서 마음을 지킬 수 있는 믿음과 지혜도 겸비해야 합니다.

> 일곱에게나 여덟에게 나눠줄찌어다 무슨 재앙이 땅에 임할는지 네가 알지 못함이니라 (전도서 11 : 2).

성경에서 추천하는 투자의 기본적인 방법은 분산투자를 말합니다. 즉 자신만의 투자 포트폴리오로 안전하면서도 나름대로 수익성을 올릴 수 있는 능력을 개발하는 것입니다. 일반적인 투자의 포트폴리오는 금융 상품과 주식과 채권 상품, 부동산 상품을 자신의 능력에 맞추어 분산 투자하는 것입니다. 예를 들어, 투자 초보자인 경우는 아무래도 금융 상품에 비중을 많이 두어야 합니다. 금융 상품은 은행이나 제2금융권(농·수협, 신협, 새마을금고, 상호저축은행, 종합금융사, 보험사 등)의 대표 상품을 말합니다. 은행은 금전신탁 등이 있겠고, 종금사는 표지어음, 협동조합 등은 자체적인 투자 상품이 있습니다. 이러한 상품 등은 5,000만 원까지 예금이 보호되거나, 은행 등의 금전신탁 등은 예금자 보호가 되지 않더라도 안전하게 운용하여 원금을 잃어버릴 위험한 투자는 하지 않고 있으므로 대체로 안심해도 됩니다.

그리고 주식이나 채권투자는 직접투자하지 마시고 펀드를 이용하여 투자해야 안전합니다. 직접투자를 하는 것은 여러모로 위험하거나 어리석은 행동입니다. 그러나 수익성을 위해서는 채권이나 주식투자를 외면할 수 없습니다. 그러므로 펀드를 이용하여 투자를 해야 하는데, 일반적으로 펀드에는 안정형, 혼합형, 성장형 펀드가 있습니다. 안정형 펀드는 채권이나 안전한 주식 상품, 튼튼한 회사인 블루칩 등에 투자를 하므로 안전하지만 수익성은 대체적으로 떨어집니다. 그러나 주식시장이 형편없을 때에는 수익성이 높은 펀드에 속합니다. 성장형 펀드는 주식의 비중을 높인 펀드인데 이는 주식시장이 활황일 때 수익성을 높일 수 있는 좋은 상품입니다. 주식시장이 나쁠 때는 수익성을 올리기 힘들지만 주식시장은 주기적으로 올라가고 내려감을 반복하므로 시장이 좋아지면 비중을 높이는 것도 좋은 투자 방법입니다. 그리고 혼합형은 안정형 상품과 성장형 상품의 중간 형태입니다. 이러한 펀드 상품은 펀드매니저의 능력이나 회사의 마케팅 전략에도 영향을 받습니다. 회사의 대표 상품이나 노련한 펀드매니저가 운용하는 상품 등은 아무래도 높은 수익을 올릴 가능성이 많으므로 이러한 것까지 꼼꼼하게 살펴서 선택해야 합니다.

그리고 부동산 투자는 어느 정도 여유 자금이 늘어나면 고려해야 할 상품입니다. 여유 자금이 부족하지만 부동산에 관심이 많다면 부동산펀드에 투자를 하면서 수익과 경험을 쌓는 것도 좋은 방법입니다. 본격적인 부동산 투자는 시간과 전략을 가지고 해야 합니다. 대표적인 부동산 상품은 아무래도 아파트에 투자하는 것입니다. 그러나 아파트는 정부에서 투기 방지를 위해 여러 가지로 제약을 많이 하고 있습니다. 대표적인 것으로 3년 보유(서울 등의 대도시는 2년 거주)를 해야 양도세를 면제해주고 있습니다. 그러므로 이러한 법과 규정을 잘 알고 투자해야 합니다. 아파트에 투자하는 방법은 3년 이상의 기간이 필요하므로 장기적인 계획을 갖고 시작해야 하며 대규모의 아파트에 적당한 평수, 인지도가 있는 건설회사의 아파트를 중심으로 선택을 하면 초보자라도 큰 위험이 없습니다.

그러나 상가나 토지 등의 투자는 상대적으로 위험성이 높습니다. 그러므로 상가나 토지 등에 투자를 하기 위해서는 많은 경험과 지식이 있어야 합니다. 그러나 많은 사람들이 부동산 중개인들이 속삭이는 유혹에 빠져 자신이 잘 알지도 못하는 곳에 높은 수익성을 믿고 투자하여 대부분 투자 자금과 기회를 잃어버립니다. 그러므로 능력을 개발하기 전까지는 지식과 경험을 쌓고 점차 자신감이 생기면 조금씩 투자해서 시행착오를 겪은 다음에 경력을 쌓아 높은 수익률을 올리는 고수가 될 수 있습니다.

기타, 이 외에도 본인만의 투자 상품이 있을 것입니다. 제3시장의 주식이나 주택 리모델링 사업, 임대 주택 사업, 경매 사업 등 여러 가지가 있을 것입니다. 그러나 이러한 시장이나 상품의 투자는 일반적인 분야가 아니기 때문에 높은 수익성을 올릴 수 있을지는 모르나 그만큼 위험이 도사리고 있다고 보아야 합니다. 높은 수익을 올리는 투자가는 수익성이 높은 상품을 찾기보다는 상대적으로 위험성이 적은 상품을 찾아서 투자하기 때문에 평균적으로 높은 수익성을 찾아다니는 투자가보다 더 높은 수익률을 올리게 됩니다. 이 방법의 일환으로 한 상품보다는 여러 상품에 투자하여 위험성을 줄이는 것을 통계적으로 입증하고 논문에 발표한 유명한 포트폴리오 이론이 우리에게 선보이게 되었으며 지금도 투자의 금과옥조로 쓰이고 있습니다. 그러나 성경에서는 이미 오래전에 이러한 비밀을 말하고 있으니 어찌 성경의 지혜에 놀라지 않을 수 있겠습니까?

3. 악성부채 해결하기

악성부채를 해결하는 방법에는 쉬운 길이 없습니다. 오랫동안 고통과 시련을 견뎌내야 합니다. 그러나 견디어 낸다고 하더라도 빚을 갚아 나가지 못하거나 이자가 쌓여가는 실정이라면 악성부채를 갚는 길은 더욱 힘들고 고통스러울 것입니다. 즉 우리의 힘과 능력으로는 악성부채를 갚을 수 없다는 현실을 냉철하게 바라보아야 합니다. 그렇지만 우리는 전지전능하신 하나님을 아버지로 모시고 있으며 우리는 그분의 귀한 자녀입니다. 하나님은 우리를 지켜만 보시는 것이 아니라 악의 수렁에서 건져내주시기를 원하십니다. 그러므로 우리는 하나님의 기적적인 해결함을 요청해야 하며 이를 믿음으로 바라보아야 합니다. 하나님의 해결하시는 방법은 여러 가지가 있습니다. 부모, 형제나 친척, 친구를 통해서 해결해 주시거나 또 다른 예기치 않은 도움의 손길을 보내 주십니다. 제가 상담한 많은 사람들은 이러한 통로로 악성부채를 해결하였습니다. 그러나 꼭 그런 방법만 사용하시는 것은 아닙니다. 사회제도를 통해서도 하나님은 일하고 계십니다. 나라의 제도나 법을 만드는 사람들의 지혜나 지식을 악성부채를 해결하는 통로를 만들어 주시고 당신의 자녀들이 그 길을 통해 빠져 나오도록 예비해 주시기도 합니다. 그러나 모든 사회 제도가 하나님이 만드신 통로는 아닙니다. 성경으로 비추어보아 확인해야 합니다. 여기에서는 사람들이 일반적으로 많이 사용하는 사회제도를 설명하고 우리에게 어떤 제도가 좋은지 알아보도록 하겠습니다.

개인 워크아웃 제도

개인 워크아웃 제도는 가장 일반적인 악성채무자를 위한 제도입니다. 시행 기관은 신용회복위원회(www.pcrs.or.kr)이며 여기에 신청을 하면 심의를 거쳐 통보를 하게 됩니다. 자격은 2개 이상의 금융 기관에 연체한 채무액이 3억 원 이하이며 신용불량자에 해당합니다. 일단 신청이 받아들여지면 최장 8년까지 장기 처리인 분할 상환으로 전환해 줍니다. 이 제도의 장점은 연체된 이자는 감면해주고 원금도 일부 탕감 받을 수 있다는 점입니다. 그리고 채무액을 아주 낮은 이자로 최고 8년까지 나누어 갚을 수 있으니 최저생계비 이상의 소득이 있다면 악성부채를 갚을 수 있는 좋은 계기가 됩니다. 그러나 소득이 없으면 매달 갚아야 할 돈이 없으므로 해당되지 않습니다.

배드뱅크

배드뱅크는 한국자산공사에서 시행하며 한시적으로 운영합니다. 그러나 기간이 끝나더라도 이와 비슷한 제도는 이름을 바꾸어 나올 수 있습니다. 1차는 한마음금융이었고 2차는 희망모아입니다. 신청 자격은 국민기초생활보장법에 지정된 국민기초생활보장수급자 중 전국은행연합회에 신용불량 정보가 등록된 자로서, 신청 뒤 수락되어 원금의 3% 이내를 갚는 조건을 만족시키면 연체금액을 대출받아 대출을 갚게 해주는 제도입니다. 자격은 2개 이상의 금융 기관에 연체한 채무액이 5,000만 원 미만이어야 하며 신용불량자에만 해당됩니다. 이 역시 개인워크아웃제도와 비슷하게 그동안 발생한 이자와 연체이자는 감면해 주고 남은 채무액도 최고 8년에 걸쳐 연 5~6%의 저리로 갚아 나갈 수 있게 됩니다. 그러므로 할 수 있다면 이 제도를 이용하는 것이 좋습니다.

개인회생제도

개인워크아웃제도나 한마음금융이 각각 3억 미만, 5,000만 원 미만의 금융기관 연체액이었던 것에 비해 2004년 9월부터 시행되는 개인회생제도는 15억 원 미만의 채무액(사채 포함)에도 해당되므로 대부분의 채무자가 이 기회를 이용할 수가 있습니다. 시행 기관은 법원입니다. 법원에서는 개인파산제도만을 시행했는데 개인파산제도는 피선거권과 시험응시 자격까지 잃는 데 반해 이 제도는 직업을 유지하면서 빚을 갚을 수 있기 때문에 더 좋은 제도라고 볼 수 있습니다. 개인회생제도도 최고 8년 동안 최저생계비를 제외한 수입에 대해 빚을 갚도록 하고 있습니다. 그러므로 3억 이상의 고액 채무자들은 위의 개인워크아웃이나 한마음금융의 제도를 이용하지 못했지만 이 제도는 직업을 유지한 채 이용할 수 있으므로 악성채무자들에게 좋은 해결책이 될 수 있습니다. 전국 지방법원에도 신청양식이 있으며, 신청은 대법원에서 하고 있으므로 홈페이지 (www.scourt.go.kr)를 보고 신청하면 됩니다.

개인파산제도

개인파산제도는 가장 오래된 악성채무해결제도입니다. 지방법원 파산과에서 신청을 받아 심의를 거쳐 선고를 하게 됩니다. 채무범위는 무제한이며 면책을 받으면 신용불량자에서 해제를 받게 됩니다. 그리고 이 제도는 위의 제도처럼 빚을 갚아 나가는 것이 아니라 재산을 모두 처분하고 빚을 갚을 의무에서 면제되는 면책을 받게 됩니다. 그러나 피선거권과 시험응시 자격까지 잃게 됩니다. 그러나 회사에 다니거나 사업자등록을 내어 하는 사업은 할 수 없다고 보아야 합니다. 빚을 갚지 않아도 되므로 악성채무에 시달리는 어떤 사람들은 이 제도를 악용하고 있다고도 볼 수 있습니다. 그러나 문제는 크리스천이 이 제도를 이용하는 것이 성경적으로 합당한가 하는 것입니다. 왜냐하면 이 제도는 빚을 갚지 않아도 되기 때문입니다.

악인은 꾸고 갚지 아니하나 의인은 은혜를 베풀고 주는도다(시 37:21).

하나님은 빚을 갚지 않은 사람은 악하다고 책망하시며 빚을 갚도록 요청하십니다. 따라서 크리스천들이 개인파산을 받는 것은 성경에 위배되는 것이라고 말하고 있습니다. 저도 그렇게 생각합니다. 하나님은 자신이 일할 수 있다면 땀을 흘려 일하라고 말씀하십니다. 일을 하여 수입을 얻어 가족들과 자신의 생계를 이어가라고 하십니다. 그리고 한 달에 1만 원이라도 갚아 나갈 것을 말씀하십니다. 물론 그렇게 적은 돈은 빚을 갚는

데 아무런 도움이 되지 못할 수도 있습니다. 그러나 최선을 다하고 하나님께 맡기면 그 다음은 하나님께서 해결해 주십니다. 이것을 믿음의 눈으로 바라보아야 합니다.

그러나 때로 나와 상담한 소수의 크리스천의 개인파산 신청은 막지 않았습니다. 왜냐하면 그들은 일할 수 없는 처지의 사람들이었기 때문입니다. 노령이거나 질병으로 노동력이 없는 사람은 개인파산을 하는 것이 비성경적이라고 생각하지 않습니다. 하나님은 일할 수 있는 자에게 땀을 흘려 수입을 얻어서 빚을 갚으라고 하신 것이지 도저히 일할 수 없는 자에게 짐을 지라고 떠미시는 분은 아니라고 생각했기 때문입니다. 그러므로 이런 사람들에게는 개인파산제도가 하나님께서 보내신 도움의 손길입니다.

4. 보험 가입하기

믿음이 좋은 크리스천들 중에서 보험에 가입하는 것이 하나님에 대한 믿음의 부족이 아닌가 하는 생각을 하는 사람들이 있습니다. 그러나 이 장 처음에 말했듯이 사회의 제도는 하나님의 지혜에서 빌려 온 것들이 많습니다. 그러므로 우리는 성경에 비추어보아서 지혜롭게 적용해야 합니다.

슬기로운 자는 재앙을 보면 숨어 피하여도 어리석은 자들은 나아가다가 해를 받느니라(잠 22:3).

보험이란?
보험은 미래의 불행을 대비해서 많은 사람들이 돈을 모아 불행당한 사람에게 생활비며 치료비 등을 주는 제도입니다. 보험에는 저축성 보험과 보장성 보험으로 크게 나누는데 저축성 보험은 적금이라고도 합니다. 그러나 보험의 저축성 상품은 사업비(관리비, 설계사 수수료 등)를 제외하고 적립을 하기 때문에 만기가 되어 찾아보면 이자가 별로 되지 않는 경우가 많이 있습니다. 그러므로 저축을 하려 한다면 보험보다는 은행 등의 기관을 이용하는 것이 좋습니다. 교육보험도 대학 학자금을 마련하기 위해서라면 마찬가지로 다른 상품이 수익률이 훨씬 좋습니다. 그러나 보장성의 경우에는 보험을 대신할 상품이 거의 없습니다. 그래서 보험은 미래의 위험 관리를 위해 필수적인 상품입니다. 그러면, 어떤 보험이 좋은 보험일까요?

첫째, 보장 기간이 길어야 합니다. 이전에는 대다수 상품들의 보장 기간이 10년이나 20년 등으로 한정되어 있는 경우가 많았습니다. 젊었을 때 보험에 가입하고 20년이 지났다 하더라도 50대인 경우가 대다수인데 보험 혜택은 5,60대 이후에 가장 많이 받습니다. 그러나 이때 보험을 다시 가입하려고 하면 보험료가 무척 비싸고, 건강에 이상(고혈압, 당뇨 등)이 있어 보험회사에서 받아주지 않습니다. 그렇기 때문에 보험에 가입할 때 70세나 80세로 보장 기간을 정해야 합니다.

둘째, 보험료 납입 기간이 짧은 경우도 문제가 있습니다. 보장성보험은 납입액의 70만 원까지 소득공제 혜택을 주는데 납입 기간이 짧으면 혜택 받는 기간도 그만큼 짧아지고, 사망하거나 3급 장애 이상인 경우에 불이익을 받는 경우가 대다수입니다.

셋째, 보장 내용이 보편적이어야 합니다. 어떤 상해보험은, 비행기나 배, 기차를 타고 사망하면 몇 억씩 주지만 그냥 재해로 사망하면 몇 천만 원에 불과한데, 보험이란 복권이 아니기 때문에 확률이 크거나 보편적으로 보장을 받을 수 있게 해야 합니다. 요즈음 종신보험에 특약을 조립해서 어떤 경우에도 보장 받을 수 있게 설계하는 경우를 볼 수 있는데, 한번 참고해보기 바랍니다. 그러나 종신보험의 단점은 보험료가 비싼 게 흠입니다.

넷째, 만기에 주는 돈이 없는 상품입니다. 앞서 말씀드렸지만, 만기가 되어서 원금을 주는 상품은 저축하는 돈과 보장받는 돈을 나누어서, 저축하는 부분을 적립해 나중에 환급금으로 주는 경우인데, 보험은 저축성 상품으로는 적절하지 않기 때문에 보장받는데 초점을 맞추어서 가입해야 합니다. 자동차 보험의 경우처럼 1년이 지나면 돌려받는 돈이 없는 소멸성 상품이 싸고 좋은 상품입니다.

다섯째, 문제가 있다면 리모델링을 하시기 바랍니다. 지금 가입하신 보험을 살펴보아서 보장이 중복되거나 구멍이 나거나 그 기간이 짧다면 아까워 말고 해약한 뒤 '보험 갈아타기'를 하는 것도 좋습니다. 설계사를 안다고 해서 가입하지 말고, 진실하고 전문적인 설계사의 도움을 받기를 권합니다. 가족의 미래를 위험에 빠뜨려서는 안 됩니다.

여섯째, 보험료 납입액은 대체적으로 수입의 7% 이내가 적당합니다. 보험설계사가 절대로 말하지 않지만 과도한 보험료를 지출하는 것은 어리석은 행위입니다. 보험은 저축이 아니라 미래의 불행한 사고나 질병에 대한 경비입니다. 아무런 사고나 불행도 일어나지 않는다면 보험회사에서 나와 내 가족의 생계를 책임져 주지 않습니다. 일을 하고 저축해서 미래의 지출액을 준비하셔야 합니다.

기본적인 보험 상품은 무엇이 필요한가?

생명보험(건강보험)
생명보험은 가족 중에서 사망하면 사망보상금을 주는 보험이지만 특약을 조합해서 건강보험 역할을 겸하고 있어서 질병이나 사고로 치료를 받아야 할 일이 생겼을 때 가입한 보험에서 치료비 등을 보상해주고 있습니다.

그러므로 가족 중에서 생명보험이 가장 필요한 사람은 가장입니다. 가장은 돈을 벌어 오는 사람이기 때문에 질병이나 사고로 병원에 누워 있다면 치료비는 물론이거니와 생활비를 벌어 올 사람이 없습니다. 그러므로 돈을 벌어 오는 남편이 가장 필요한 보험이고, 그 다음으로 아내, 자녀들 순입니다. 때로 어느 가정에는 아이들은 보험이 충분히 가입되어 있는데 가장의 보험이 부실하다면 문제가 있는 가정입니다.

치료비가 가장 많이 들어가는 병은 고혈압, 당뇨, 암을 포함한 성인병입니다. 성인병은 나이가 많을수록 몸이 노쇠해서 생기는 병이므로 치료가 쉽지 않고 재발하기도 쉬우므로 병원비가 많이 들어갑니다. 그러므로 암을 포함한 성인병 보장을 충분히 받아야 합니다. 치료비는 의사로부터 병이 있다고 진단 받으면 진단비가 나오고 수술비, 그리고 3일 이상 입원하면 입원비가 나오며 간병비나 회복비까지 보장되어 있습니다. 그러므로 충분한 보장이 될 수 있도록 가입해야 합니다. 아무래도 성인병은 아이들보다는 성인에게 일어나는 병이므로 부부가 동일하게 보장 받아야 합니다. 보험 가입 시에는 중요한 보장 내용이 중복되지 않도록 설계하는 것이 중요합니다. 그리고 보장 기간은 80세 이상까지 되어야 합니다. 요즈음은 평균 수명이 늘어나고 있으며 성인병은 나이가 많을수록 걸릴 확률이 많기 때문에 일찍 보험이 끝난다면 정작 보험이 필요할 때 보장을 받지 못하는 상태가 됩니다.

충분한 보장을 갖춘 보험에 가족 모두가 가입되어 있다면 안심하겠지만 보험료로 지출되는 돈이 많을 것입니다. 불행한 일이 일어나지 않으면 장래에 필요한 자금은 저축해서 마련해야 합니다. 그러므로 보험료가 수입의 7% 이내를 넘지 않도록 하고 우선순위를 점검하여 보험이 필요한 사람부터 가입하되, 확률이 높고 치료비가 많이 들어가는 질병에 충분히 보상이 되도록 가입해야 합니다.

상해보험

상해보험은 생명보험처럼 질병에 대한 보장이 아니라 사고로 다치거나 사망하거나 장애를 입었을 때 해당 보험금이 나오거나 치료 시에 치료비나 생활비를 보장해 주는 보험입니다. 그러므로 매우 필요한 보장이라고 볼 수 있습니다. 그러나 상해보험은 건강보험에 비해 보험료가 상대적으로 저렴해서 설계사인 친구나 친척의 부탁에 마지못해 저렴한 것을 들어주다 보니 중복되는 보험이기도 합니다. 보험은 저축이 아니라 비용이라고 생각해야 합니다. 그리고 수입에 비해 과도하게 보험료가 들어가는 것도 문제가 될 뿐 아니라 보험 보장이 고르게 되어야 하는데 어느 한쪽에 보장이 집중되고 다른 쪽은 빠져 있다면 문제가 심각한 것입니다. 그럴 때는 다시 보험 조정이 필요합니다.

또한 요즈음의 사고는 자동차 사고이며 자동차 사고로 인한 치료는 뺑소니의 경우에도 책임보험에서 치료비를 보장해 주고 있습니다. 그러나 그 이외의 사고로 인한 것은 상해보험의 보장을 받아야 합니다. 그러나 요즈음은 건강보험에도 상해특약을 가입하여 설계한 상품도 많이 나오고 있으므로 따로 가입하기보다는 건강보험에 특약을 넣어서 보장 받는 것이 훨씬 저렴합니다. 또한 상해보장을 동일하게 받게 되는 좋은 선택입니다.

자동차 보험

우리나라는 자동차 책임보험을 가입하는 것을 의무적으로 법에 정해 놓고 있습니다. 그러나 적지 않은 차들의 비용이 비싼 점을 들며 자동차 종합보험을 기피하고 있습니다. 책임보험은 최소한의 보장만 해줄 뿐이지 충분한 보장은 되지 못합니다. 자동차를 운전하고 다니는 사람들은 언제나 사고 위험에 노출되어 있습니다. 본인이 아무리 주의해서 운전을 한다고 해도 상대방이 들이받을 수도 있고, 주택가에서 놀이에 열중한 아이들이 예기치 못한 상태에서 갑자기 튀어나와 사고를 낼 수 있습니다. 자동차 사고는 인명 피해를 볼 수 있는 여지가 많고 인명 피해는 과다한 치료비를 요구합니다. 종합보험을 가입하지 않은 상태에서 사고를 내면 검찰에서 불리하게 작용을 하고, 때로는 소송비용까지 들어가는 등 엄청난 돈이 들어갈 수도 있습니다. 한 번의 실수로 평생 빚더미에 올라앉는 일이 생길지도 모릅니다. 그러므로 자동차 종합보험은 꼭 가입해야 합니다. 자동차 종합보험은 대인, 대물, 자기 차량, 무보험 등의 보장 종목이 있는데 대인이나 대물은 사고를 당한 상대방 차의 손상이나 인명 피해를 보상해 주는 것이기 때문에 충분히 가입되어야 합니다. 그러나 자기차량 보상은 자신의 차를 보상해 주는 경우입니다. 자기차량 보장은 자기부담금도 있고 또한 본인의 차가 오래되어 많이 낡았을 경우 큰 보상을 받기가 어려울 수도 있습니다. 그러므로 그런 경우에는 한번 따져보고 보험료가 그렇게 비싸지 않다면 가입하는 것을 추천합니다. 무보험은 무보험 차나 뺑소니차에 의해 피해를 보았으나 상대방이 충분히 치료를 못해줄 때 받는 유효한 보장입니다. 그러므로 할 수 있다면 자동차 종합보험의 모든 보장에 가입하는 것을 권합니다.

기타 보험으로는 화재보험이나 운전자 보험, 자녀보험 등의 보험이 있습니다. 아파트나 상가 등의 건물을 소유한 분은 당연히 화재보험이 필요합니다. 그러나 나머지 보험들은 모두 다 필요한 보험이 아니라 사람에 따라 필요할 수도 있고 덜 필요할 수도 있습니다. 보험설계사들은 자신들이 파는 보험이 꼭 필요하며 사고나 질병 시 불행한 일이 생기면 자녀들과 가족들의 미래는 불투명하다고 위협(?)합니다. 그러나 그러한 일이 없다면 보험회사에서 가족들을 책임져 주는 것이 아닙니다. 보험 자체가 가정의 행복을 보장해주는 것이 아니라 위험대비책으로 사용되는 것입니다. 보험이 있더라도 가장은 가족을 위해 생계비를 벌어야 하며 자녀들을 교육시키고 노후대책을 세워야 합니다. 그러므로 수입의 5~7% 이내에서 적절하게 보험을 가입하여 위험에 대비한 대책을 세워야 합니다.

5. 주택 마련

집은 가족의 보금자리로 재테크의 수단을 떠나서 행복한 가정을 이끌어 가는 가족공동체의 중심입니다. 주택을 잘 마련하는 것은 하나님께서 허락하신 평화로운 삶과 평안한 신앙생활의 토대가 됩니다. 집을 마련하는 가장 좋은 방법은 청약통장을 이용하는 것입니다. 청약통장에 가입하여 2년이 지나면 1순위가 되는데 이때 맘에 드는 아파트에 청약해서 추첨을 거쳐 당첨이 되면 계약금, 중도금 잔금을 치루고 나중에 입주하는 것이 내 집 마련을 할 수 있는 가장 일반적인 방법입니다. 그러므로 그때까지 열심히 저축을 해야 합니다. 주택마련 구입의 가장 좋은 시기는 저축한 금액이 주택자금의 80% 이상 준비되었을 때입니다. 왜냐하면 대출을 20% 이상 안고 구입하면 장기간 이자 부담이 심하므로 실직이나 사업 실패로 소득이 없어 제때 이자를 내지 못하는 일이 발생되고 집은 경매로 넘어가게 됩니다. 그러므로 형편에 따라 장기간 주택마련 계획을 하여 저축을 하고 자금을 마련해야 합니다.

청약통장에는 청약예금과 청약부금, 청약저축이 있는데, 청약예금은 국민주택기금의 지원 없이 민간 사업자가 짓는 주택이나 전용면적 18평

~ 25.7평짜리 국민주택, 국가, 지방자치단체 및 대한주택공사 등 지방공사가 건설하는 전용면적 약 25.7평 초과 주택의 청약 자격을 얻을 수 있는 정기예금입니다. 청약부금은 1998년 3월 29일부터 시행되고 있는 제도로 25.7평 이하 민영주택과 전용면적 18평 ~ 25.7평짜리 국민주택에 청약할 수 있습니다. 청약부금은 매달 3만 원~50만 원까지 자유롭게 납부할 수 있어 목돈이 없는 사람도 편리하게 가입할 수 있습니다. 국민주택기금의 지원을 받는 국민주택이나 국가, 지자체, 주택공사, 도시개발공사 등이 건설 공급하는 전용면적 25.7평 이하의 주택을 분양 받기 위해서는 청약저축에 가입해야 합니다. 청약저축도 매달 2~10만 원까지 자유롭게 납부할 수 있어 서민층에게 좋은 제도입니다.

작은 평수의 아파트는 독신이나 신혼부부가 큰 평수로 옮길 때까지 거주하는 경우가 많으므로 교통이 편리한 곳에 얻는 것이 좋습니다. 30평 이상의 아파트는 환경이나 자녀 교육 등을 고려해서 장기간 거주할 장소에 있는 아파트를 구입하는 것이 재테크로 좋습니다. 특히 대단위 아파트나 정평이 나 있는 대기업 건설회사가 시공한 아파트가 좋습니다.

아파트 구입 시 고려할 사항

첫 번째는 지리적 환경과 주변 환경입니다. 교통 환경 + 지역적 조건 그리고 주거단지로 형성되어 있는 곳이 좋습니다. 교통 환경도 봐야 합니다. 1 km 반경 이내에 지하철이나 전철역이 있으면 좋습니다. 여러 가지 문화/쇼핑 시설도 봐야 합니다. 시장이나 대형마트가 주변에 있으면 좋습니다.

두 번째는 단지 규모와 아파트의 단지 내 위치입니다. 아파트단지는 규모가 클수록 좋습니다. 관리비도 저렴합니다. 대단지라면 단지 내 상가가 있든지 주거 환경이 어느 정도 기본적으로 갖추어졌기 때문에 사람들이 선호합니다. 단지 내에서 해당 동이 어디에 위치하는지도 중요합니다. 대로변 길가에 붙었으면 아무래도 소음이 많습니다. 단지 안쪽에 위치한 조용한 곳이면 더욱 좋습니다.

세 번째는 방향입니다. 남향이나 동남향이 제일 좋습니다. 여름에 시원하고 겨울에 따뜻하기 때문입니다. 2순위는 동향입니다. 서향은 되도록 피해야 합니다. 요즘 아파트들은 'ㄱ'자 구조로 동남향 + 남서향을 같이 짓는데, 이런 경우는 되도록이면 남서향보다는 되도록 동남향을 선택해야 합니다.

네 번째는 층입니다. 1층, 2/3층, 최상층보다는 중간층이 좋습니다. 15층 건물이라면 5층~12층 사이가 최고입니다. 2~3층에 사는 것보다 1층에서 사는 것이 더 좋습니다. 또한 아파트 끝 라인인 1호 라인은 아무래도 단열 문제 때문에 냉난방비가 많이 나옵니다.

다섯번째는 조망입니다. 요즘은 아름다운 조망에 따라 아파트값이 좌우됩니다. 한강이 보이느냐 보이지 않느냐에 따라 수천만 원이 걸려있을 정도입니다. 탁 트인 조망을 가지고 있는 곳을 고르십시오.

여섯번째, 시공사입니다. 똑같은 위치, 똑같은 설계라도 "현대", "삼성" 등 이름 있는 건설사가 지으면 10% 더 비쌉니다.

일곱번째, 내부 구조와 시공년도 그리고 층간 소음문제 등도 있습니다.

여덟번째, 학군, 학원 등 교육 환경을 봐야 합니다.

주택 매입을 할 때 주의사항에 계약 시에는 대출로 근저당이 있는지 살펴보시고, 대출을 인수할 것인지 근저당 설정을 매도인이 해지하고 나서 인수할 것인지를 결정하기 바랍니다.

6. 노후 대책

> 땅에 작고도 가장 지혜로운 것 넷이 있나니 곧 힘이 없는 종류로되 먹을 것
> 을 여름에 예비하는 개미와(잠 30 : 24~25).

하나님은 우리 노후도 책임져 주시지만 수입이 없을 때를 대비할 수 있
는 시간과 능력을 주고 계십니다. 그러므로 우리는 다가올 노후를 대비하여
준비한다면 안락하고 넉넉한 인생의 황혼기를 즐길 수 있습니다.

노후대책을 준비하는 상품은 일반적으로 연금 상품을 들 수 있습니다.
나라에서 강제적으로 모집하는 국민연금은 취지는 좋지만 노후대책으로
충분한 돈이 지급되는 게 아닙니다. 그리고 앞으로 지급되는 연금지급액
은 지금보다 현저히 적어질 것입니다. 왜냐하면 지급할 돈이 없어지는 것
은 불 보듯 뻔하기 때문입니다. 노후에 연금으로 지급되는 액수는 불입하
는 금액과 기간에 따라 다르기는 하지만 최소한의 생계비 정도를 지급한
다고 보면 됩니다. 일반 금융 기관(은행이나 보험회사, 증권사 등에서 취
급)의 연금 상품은 비과세와 소득공제가 되는 상품이기 때문에 정부에서
혜택을 주는 것을 이자로 계산하면 상당한 수익률을 보장하는 좋은 상품
입니다. 그러므로 일찍부터 연금 상품을 통해 저축을 하여 편안하고 넉넉
한 노후를 즐길 수 있습니다. 연금 상품 이외에 부동산이나 채권, 주식 등
의 금융 상품을 잘 투자하면 노후대책으로 대비할 수 있습니다. 그런데
수익을 올리고 안정되게 자산을 유지하고 싶다면 젊을 때부터 금융 지식
을 가지고 경험을 쌓아 두어 적당한 위험을 안을 수 있는 능력을 소유해
야 합니다. 지식과 경험 없이 남의 말이나 시대 흐름에 편승하여 투자한
다면 평생 모아놓은 재산이 물거품이 될 수도 있습니다.

일곱째 비밀

땀을 흘려야 한다

땀 흘리는 것은 열심히 일하는 사람에게 일어나는 현상입니다. 즉 땀이란 성실한 노동을 의미하는 것입니다. 그러나 대개 사람들은 노동을 즐겁고 상쾌한 의미로 생각하지 않습니다. 그것은 고되고 힘든 일이라고 연상하기 때문일 것입니다. 에덴동산에서 하나님의 뜻을 거역한 아담에게 내려졌던 저주의 결과가 노동이었기 때문에 부정적인 생각이 드는 것 같습니다.

노동이란?

노동은 범죄한 아담에게 내려지기 이전부터 하나님 스스로 하고 계셨던 것입니다. 하나님께서 세상을 창조하실 때 열심히 우주와 여러 동식물과 사람을 지으시는 노동을 하셨습니다. 하나님께서 아담을 지으시고 나서 그에게 에덴동산과 여러 동식물을 관리하는 일을 맡기셨습니다. 그래서 타락하기 이전의 아담도 즐겁게 일했다는 것을 알 수 있습니다. 그러나 범죄한 이후의 아담이 타락함으로써 이 즐거운 노동이 고되고 힘든 노동으로 변질되었습니다. 어쨌든 노동의 원래 의미는 하나님의 창조 법칙이요 명령인 것입니다. 그 노동을 통해 삶의 의미와 정신과 육체의 건강, 그리고 하나님 나라를 건설하고 있습니다. 그러나 적지 않은 사람들이 노동이란 단지 생계를 이어주고 교회의 헌금을 내는 수단으로만 생각합니다. 그래서 수단 방법을 가리지 않고 돈을 벌어도 교회에 헌금할 수 있고 자신을 위해 쓰게 된다면 아무 문제가 없다고 생각하는 사람들도 있습니다. 그래서 오늘날 한국 교회는 멋지고 웅장하게 지어지고 있지만, 그 이면에는 부동산 투기나 탈세, 부정한 이권 개입 등으로 얻은 검은 돈이 도사리고 있어 하나님을 비통하게 만들고 있습니다. 그러나 이제는 정당한 노동의 대가로 거룩한 교회를 운영해 나가야 합니다. 그러기 위해서는 우리가 먼저 건강하고 정직한 땀의 신성한 의미를 잘 깨달아야 합니다.

가난하게 사는 이유

재미있는 옛날이야기를 해드리겠습니다. 어느 마을에 부자가 되는 것이 소원인 두 사람이 살았습니다. 한 사람은 믿음이 좋은 집사님이었고 다른 사람은 하나님을 모르는 세상 사람이었습니다. 믿음이 좋은 집사님은 새벽기도, 금식기도, 철야기도를 통해 매일매일 하나님께 부자가 되게 해달라고 기도하였습니다. 그리고 또 다른 사람은 자신의 농사를 새벽부터 일어나 밤이 늦도록 열심히 지었습니다. 두 사람은 자신의 방법대로 최선을 다해서 열심히 일했습니다. 누가 부자가 되었을까요? 정답은 열심히 일한 세상 사람입니다.

왜 하나님을 모르는 세상 사람의 소원은 이루어지고 매일매일 하나님께 기도와 간구를 한 집사님의 소원은 이루어지지 않았을까요? 하나님께서 자신의 자녀를 사랑하지 않기 때문인가요? 아닙니다. 부자가 되기 위해서는 열심히 땀을 흘리며 일하는 것이 당연한 것입니다. 아무리 하나님이 사랑하시는 사람이라도 하나님은 공의를 통해서만 우주를 운행하시고 자연을 섭리하시고 세상을 다스리십니다. 하나님에게는 세상 사람들도 당신의 자녀입니다. 그들도 언젠가는 회개하고 주님의 곁으로 오게 될지도 모르는 하나님의 자녀들입니다. 그러므로 부자가 되는 원칙 중에 하나는 열심히 땀을 흘리며 일하는 것입니다. 하나님을 모르는 세상 사람들에게나 믿음이 좋은 크리스천에게나 하나님은 동일하게 당신의 원칙을 적용하십니다. 기도를 열심히 한다고 하더라도 일하지 않으면 가난을 면치 못합니다.

> 게으른 자여 개미에게로 가서 그 하는 것을 보고 지혜를 얻으라 개미는 두령도 없고 간역자도 없고 주권자도 없으되 먹을 것을 여름 동안에 예비하며 추수 때에 양식을 모으느니라 게으른 자여 네가 어느 때까지 눕겠느냐 네가 어느 때에 잠이 깨어 일어나겠느냐 좀더 자자, 좀더 졸자, 손을 모으고 좀더 눕자 하면 네 빈궁이 강도 같이 오며 네 곤핍이 군사 같이 이르리라(잠 6 : 6~11).

성경은 빈궁하고 가난하게 되는 것이 열심히 일하지 않기 때문이라고 단호하게 말합니다. 기도를 열심히 하고 일을 안 하면 기도하는 게으른 자이고, 믿음이 좋고 일을 열심히 안 하면 믿음이 좋은 게으른 자일 뿐입니다. 그러므로 부유하고 형통한 삶을 누리려면 땀을 흘리며 일을 열심히 해야 하는 것입니다. 요즈음은 높은 학벌을 가진 실업자가 많습니다. 대학을 나와도 취직하기가 어렵다고 합니다. 그래서 이태백이라는 신조어도 생겼습니다. 이 말은 '이십대 태반이 백수' 라는 뜻이라고 합니다. 중소기업은 일할 사람이 없어서 공장 가동을 할 수 없다고 울상을 짓고 있습니다. 참 아니러니한 일입니다. 한 쪽은 일거리가 없어서 놀고 있고, 또 다른 한쪽은 일할 사람이 없어서 놀고 있습니다. 왜 이런 현상이 일어날까요? 힘든 일을 하기 싫어하는 세상 풍조 때문입니다. 비록 실업자 신세라 할지라도 3D 직종의 일은 못하겠다는 게 그들의 생각입니다. 그래서 나이 삼십이 훌쩍 넘어도 부모 곁을 떠나지 못하고 용돈을 받고 있으니 한심한 일이 아닐 수 없습니다. 그러나 세상은 냉혹합니다. 이유야 어떠하든지 간에 일하지 않는다면 빈궁하게 살 수밖에 없습니다. 젊을 때부터 일하기 싫어한다면 그 인생은 가난하게 살다가 가난하게 죽을 수밖에 없습니다. 하나님께서는 우리에게 노동을 하라고 명령하셨고, 신성한 노동을 통해 심신이 건강해지고 하나님의 나라를 확장하기를 원하십니다. 이 하나님의 말씀을 통해 깨닫는 자는 현명한 사람이고, 인생의 경험을 통해 깨닫는 사람은 보통 사람이며, 경험을 통해서도 깨닫지 못한다면 어리석은 사람입니다. 참으로 안타까울 뿐입니다.

> 부지런한 자의 경영은 풍부함에 이를 것이나 조급한 자는 궁핍함에 이를 따름이니라(잠 21 : 5).

노동 + 시간 = 부자

제가 나온 대학교에는 '정심화 홀' 이라는 건물이 있습니다. 콘서트도

하고 다양한 문화행사도 하는 건물입니다. 그런데 이 건물의 이름이 특이하게 붙은 이유는 평생을 김밥만 팔아 온 무학의 한 김밥 할머니가 자신의 배우지 못한 처지가 한이 되어 그동안 모아온 전 재산을 대학교에 기증하여 이 건물을 짓게 되었습니다. 가슴을 저리는 감동 이야기입니다.

할머니는 배운 것이 없고 특별한 기술도 없었지만 김밥을 만들어 파는 단순한 장사를 평생을 다 바쳐서 아껴 쓰고 모아 억대에 달하는 재산을 모을 수 있었습니다. 누구나 부자가 되려면 이같이 하면 됩니다. 일찍부터 열심히 일하고 저축을 하면 후에는 큰돈이 되는 것입니다. 쉬운 일은 아니지만 누구나 할 수 있는 일입니다. 하나님은 우리가 땀을 흘려 열심히 일하면 넉넉하게 살 수 있다고 말씀하고 계십니다. 큰 지식이나 지혜가 없어도 됩니다. 대학 졸업장이 없어도 됩니다. 외모도 상관없습니다. 하나님은 우리를 지으셨으므로 우리가 이 세상에 필요한 일용할 양식이 있어야 한다는 것을 잘 알고 계십니다. 그렇기 때문에 우리가 일만 열심히 한다면 먹을 것, 입을 것, 거주할 곳은 걱정할 필요가 없습니다. 설령 부자가 되지 않더라도 넉넉하게 나누어 주지는 못하더라도 필요한 것은 다 공급해 주신다고 하셨습니다.

그러므로 염려하여 이르기를 무엇을 먹을까 무엇을 마실까 무엇을 입을까 하지 말라 이는 다 이방인들이 구하는 것이라 너희 천부께서 이 모든 것이 너희에게 있어야 할 줄을 아시느니라(잠 21 : 5).

지금 가난하게 살아가는 사람도 마찬가지입니다. 가난한 사람이 자신의 가난함을 감추기 위해 소비를 과하게 하며 다른 사람들 앞에서 과시하듯 즐겨 돈을 내는 것을 보는 경우가 종종 있습니다. 그런 태도로는 결코 가난을 면치 못합니다. 가난에 찌들려 사는 사람들은 비록 불행한 일을 당해 그런 힘든 처지에 빠지는 경우도 있지만 대부분 열심히 일하는 것을 싫어하거나 분에 넘치는 소비를 한 결과입니다. 그러므로 잘못된 자세를 반성하며 소비 태도를 고치지 않거나 부지런하게 일하지 않는다면 가난의 수렁에서 벗어날 수 없습니다. 게다가 이런 부류의 사람들에게는 많은 빚이 있어 벅찬 이자를 내는 경우가 많습니다. 그러므로 더욱 열심히 일을 해야 합니다. 우리는 하나님이 지켜주시고 계시기 때문에 하나님을 모르는 세상 사람들과는 다릅니다. 하나님을 모르는 세상 사람들은 스스로가 그 역경을 이겨내고 나와야 합니다. 아무리 열심히 일을 하더라도 그 수렁에서 벗어나지 못할지도 모릅니다. 아니 대다수가 벗어나지 못하고 살다가 생을 마칩니다. 그러나 우리 하나님의 자녀들은 다릅니다. 우리 뒤에는 우리를 돌봐주시는 하나님이 계십니다. 그러므로 우리가 열심히 땀을 흘려 일을 하며 하나님께 도움의 손길을 요청한다면 가난의 수렁에서 벗어나게 될 것입니다.

성실한 노동을 방해하는 것들

> 우리가 너희와 함께 있을 때에도 너희에게 명하기를 누구든지 일하기 싫어 하거든 먹지도 말게 하라 하였더니(살후 3:10).

성경은 일하기 싫어하는 자는 먹지도 말라고 하였습니다. 사랑을 강조하고 최고의 덕목으로 삼는 성경에서 이렇게 가혹한 책망은 찾아보기 쉽지 않습니다. 왜 하나님은 일하기 싫어하는 자를 이렇게까지 가혹하게 다

루실까요? 그곳에는 우리가 눈치 채지 못하는 은밀한 사탄의 덫이 있기 때문입니다. 그것도 모르고 일하기 싫어하는 자는 땀을 흘리며 노동을 하지 않으려고 합니다. 그래서 덫에 걸려들어 후회하지만 엄청난 대가를 지불해야 합니다. 그렇다면 열심히 일하는 것을 방해하는 것은 무엇이 있는지 알아보도록 하겠습니다.

게으름

오래된 동화 속에 '개미와 베짱이' 이야기가 있습니다. 지금도 그 이야기를 머릿속에 떠올려보면 눈보라가 사납게 치는 겨울날 개미의 집을 목발을 짚고 쩔뚝거리며 찾아가는 베짱이의 불쌍한 모습이 생각납니다. 그 동화에서 하고자 하는 이야기는 '놀기만 하는 사람은 나중에 가난하게 된다.'며 성실하고 부지런하게 일을 해서 나중에 일을 못하게 될 때를 준비해야 한다는 것입니다. 그러나 더 깊이 생각해보자면 베짱이는 게으름의 전형적인 예입니다.

게으른 자여 개미에게로 가서 그 하는 것을 보고 지혜를 얻으라 개미는 두령도 없고 간역자도 없고 주권자도 없으되 먹을 것을 여름 동안에 예비하며 추수 때에 양식을 모으느니라 게으른 자여 네가 어느 때까지 눕겠느냐 네가 어느 때에 잠이 깨어 일어나겠느냐 좀 더 자자, 좀 더 졸자, 손을 모으고 좀 더 눕자 하면 네 빈궁이 강도 같이 오며 네 곤핍이 군사 같이 이르리라(잠 6 : 6~11).

게으름은 부지런함과 대조되는 행위입니다. 게으른 사람은 일하기를 싫어합니다. 그래서 아침 일찍 일어나는 직업을 가질 수가 없고, 설령 그런 직장에 들어갔다고 하더라도 오래 버티지 못하고 쫓겨납니다. 회사에서 일하는 시간에도 잡담이나 하며 인터넷을 돌아다니기 일쑤입니다. 점심시간에도 일찍 가서 늦게 들어옵니다. 물론 퇴근 시간은 누구보다 정확하게 챙깁니다. 야근이나 휴일에 일하는 것은 그를 모독하는 것이라 생각합니다. 그렇다면 어떤 경영자가 월급을 주고 싶어 하겠습니까? 일찍 해고하는 것이 회사를 살리는 길이라 생각할 것입니다. 자영업을 한다고 하더라도 그의 미래는 불 보듯 환합니다. 경쟁에서 이길 수가 없습니다. 하루빨리 문을 닫는 것이 빚을 줄이는 최우선일 것입니다.

게으른 것은 나쁜 습관입니다. 아무리 게으른 사람도 군대에 가면 6시에 일어나야 합니다. 게으름을 피우는 것을 보고 있을 상사는 없습니다. 꾸물거리면 당장에 엉덩이에 불이 날 것입니다. 그러므로 군대에 가면 게으른 사람이 없는 것입니다. 선천적으로 게으름을 유전자로 태어난 사람은 없습니다. 누구나 편한 것을 좋아하고 힘든 것은 하기 싫어합니다. 특히 힘든 환경에서 일하는 것은 더욱 괴로운 일입니다. 그러나 이런 유혹을 이겨내야 합니다. 세상에는 공짜가 없습니다. 힘든 일일수록 좋은 대가가 있고, 쉽고 편한 일일수록 얻는 것도 형편없습니다. 그러므로 자신을 다스리고 이겨내야 합니다.

노하기를 더디하는 자는 용사보다 낫고 자기의 마음을 다스리는 자는 성을 빼앗는 자보다 나으니라 (잠 16 : 32).

조급함

예로부터 우리나라 사람의 성품은 온유하고 은근과 끈기가 있는 민족이라 일컬어졌습니다. 그런데 요즘에는 우리 성격이 불같아 쉽게 화를 내고 잘 기다리지 못하는 급한 성격으로 바뀌었습니다. 근대에서 현대로 들어오면서 급격한 경제개발로 인한 수많은 변화 속에서 빨리 대처하지 않으면 기회를 잃을지도 모른다는 강박관념이 점점 쌓여 성격이 급하게 변한 것 같습니다. 조급한 성격은 금방 결과를 봐야 마음을 놓습니다. 그러나 이런 조급한 성격은 하나님께로부터 책망 받습니다.

　부지런한 자의 경영은 풍부함에 이를 것이나 조급한 자는 궁핍함에 이를
　따름이니라(잠 21 : 5).

최근 신문에 아버지와 딸이 동반 자살한 기사가 나와 사람들의 이목을 끌었는데, 그 동기가 특이했기 때문입니다. 아버지는 세무공무원이고 딸은 대기업에 다니는 남부러울 것 없는 신분이었으나 아버지가 빚보증을 잘못 서주어 큰 빚을 지게 되면서 부득이하게 퇴직하게 되었습니다. 그래서 갑자기 재정적인 어려움을 겪게 되자 고민하던 중 세간에 불타나게 팔리고 있는 『10억 벌기』라는 책을 보고 딸의 퇴직금으로 받은 5,000만 원을 주식과 로또 복권에 투자하여 원금을 다 잃게 되었습니다. 결국 그들은 유서를 쓰고 동반자살이라는 극한 방법으로 생을 마감하게 되었습니다.
요즈음 사람들은 기다리는 것을 잊고 사는 것 같습니다. 공중전화에서 너무 오래 전화한다는 앞 사람을 이유로 칼로 찔러 중태에 빠뜨렸다는 기

사는 그다지 놀랄 만한 기사가 아닙니다. 이 조급증은 심각한 병입니다. 그래서 성경은 조급한 성품에 여러 차례 경고하고 있습니다. 조급함의 원인은 쉽게 결과를 얻고자 하는 맘입니다. 특히, 돈에 더욱 증세가 심합니다. 조급함의 배후에는 탐욕의 그림자가 어른거리는데 이 탐욕의 근원이 사탄으로부터 나온다는 것을 잘 알고 있어야 합니다. 결국 조급함은 사탄의 전략 전술 중 강력한 하나입니다.

돈을 급하게 얻기 위해 쓰는 방법 중 복권이나 경마 같은 도박이 있습니다. 이것에 빠진 사람들은 '대박'이라는 단어에 심취되어 순간에 일생을 바꿀 수 있다는 허황된 꿈에 빠져 있습니다. 그래서 퇴직금이나 등록금, 아파트 잔금 등을 다 털어 넣는 것도 모자라 회사의 공금을 횡령하고, 사채까지 끌어댑니다. 결국 그들은 동반 자살자, 이혼자, 노숙자, 신용불량자, 알코올 중독자라는 새로운 이름을 갖게 됩니다. 그들의 인생은 더 이상 희망 없이 망가지고 무너졌습니다. 그들의 등 뒤에 사탄이 음흉스런 미소를 짓고 서 있다는 것을 그때서야 알게 됩니다. 그러나 다시 일어나기에는 몸과 마음, 둘 다 너무 지치고 황폐해진 후입니다. 하나님의 따뜻한 손길이 다가오지만 받아들일 마음의 여유조차 없습니다. 당장 생을 마감하고픈 마음뿐입니다.

악한 눈이 있는 자는 재물을 얻기에만 급하고 빈궁이 자기에게로 임할 줄을 알지 못하느니라(잠 28 : 22).

악성 부채

모파상의 소설 「목걸이」에 보면 장관의 파티에 초대 받은 로와젤 부인은 친구에게 진주목걸이를 빌리게 됩니다. 그러나 파티에서 그 진주목걸이를 잃어버리게 됩니다. 그래서 진주목걸이를 사기 위해 돈을 빌리고 그 돈을 갚기 위해 십년 동안 뼈를 깎는 고통을 감수한 채 일을 합니다. 그러나 나중에 그 친구에게서 빌린 목걸이가 가짜였다는 것을 알게 됩니다.

로와젤 부인은 십년을 갚아야 겨우 갚을 수 있는 빚을 지고 열심히 일했습니다. 그러나 지금 악성부채가 있는 사람들은 안타깝게도 정반대입니다. 자포자기한 채 도무지 일하려고 들지 않습니다. 때로는 자신의 빚이 정부의 책임이라며 시위를 도모하는 사람들도 있었습니다. 정부에서 시행하는 개인워크아웃제도나 개인회생제도가 빚을 갚지 않아도 된다는 모럴 헤저드(도덕적 해이)를 가져온다고 우려하는 금융 기관들도 있습니다. 즉, 빚을 갚지 않아도 되므로 일도 할 필요가 없다는 것입니다. 물론, 본인들은 그렇게 생각하지 않겠지만 사회 분위기가 그렇게 흘러가면 일을 열심히 할 필요가 없어지게 될지도 모릅니다. 그리고 자신이 가난하게 된 이유를 본인이 아닌 정부나 사회제도의 탓으로 돌리려고 합니다.

또한 악성부채에 빠져 있는 사람들은 일할 필요를 느끼지 못합니다. 예를 들어, 월급 차압이 들어오면 최저생계비를 제외한 나머지 금액은 채권자가 가져가 버립니다. 그러므로 최저생계비를 갖고 살려 하니 회사에 다닐 필요를 느끼지 못하고 퇴사를 하는 경우가 많습니다. 악성부채는 평생 갚아도 다 못 갚을 빚이고 그렇게 빚을 갚으면서 늙어가야 한다고 생각하면 일하고 싶어지지 않습니다. 그래서 하던 사업을 그만두거나 회사를 퇴직하고 가난을 선택합니다. 노숙자들에게 직업을 알선해 주어도 얼마 있지 않아서 노숙자의 생활로 돌아온다고 하는데 일할 필요를 전혀 느끼지 못하고 매일매일 술이나 마시면서 살다가 죽는 것이 편하다고 생각하기 때문이라고 합니다. 즉 삶의 의욕을 느끼지 못하는 것입니다. 이미 부양해야 할 가족도 그들을 떠났고, 지켜보는 부모 형제나 친구도 없습니다.

삶의 의미를 잃어버린 것입니다. 그래서 그들은 사탄의 목적대로 인생을 포기하고 죽음이 올 때까지 그날그날의 생명을 이어가고 있는 것입니다. 이것은 악성부채를 보고 인생을 포기하게 된 데서 시작된 것입니다. 그러나 성경은 아무리 거대한 악성부채라도 손에 힘이 있으면 갚아야 한다고 말씀하십니다. 아무런 조건 없이 말입니다.

> 악인은 꾸고 갚지 아니하나 의인은 은혜를 베풀고 주는도다(시 37:21).

하나님은 갚을 힘이 있는데도 일을 해서 갚지 아니하는 사람은 악한 자라 하십니다. 아무리 산 같은 악성부채가 있더라도 하나님의 기적을 기대하며 하루하루를 열심히 살아간다면 도움의 손길이 열릴 수 있습니다.

어떻게 땀을 흘릴 것인가?

소수의 사람들을 제외하고는 많은 사람들이 주어진 환경에 열심히 살아갑니다. 새벽부터 일어나 밤늦게 일을 하는데도 불구하고 근근이 먹고 살아가는 사람들도 있고 넉넉하고 부유한 삶을 살아가는 사람들도 있습니다. 가장 안타까운 것은 열심히 일을 하는 크리스천이라도 재정적으로 늘 힘들게 살아가는 사람이 있는 반면에 하나님을 모르는 사람일지라도 부유하게 살면서 주변의 부러움을 받는 사람들도 있다는 것입니다. 열심히 일하는 것도 중요하지만 좋은 열매를 맺도록 지혜를 구하는 것이 무엇보다 중요합니다.

1. 땀을 흘리며 부지런히 일한다

하나님은 부지런히 노동을 하는 자녀들에게 필요한 것들을 공급하시겠다고 말씀하셨습니다. 이 단순하고 명쾌한 말씀을 지키는 사람은 넉넉하게 살아갈 수 있습니다. 구약성경에 나타난 위인들은 대부분 거부들이었습니다. 아브라함, 이삭, 야곱, 요셉 그리고 12지파의 조상들 대부분이 그 지방에서 손꼽히는 거부들이었습니다. 그들의 직업은 목축을 하는 목동들이었는데, 아마 이스라엘 지방의 산업 특성상 목축업이 성행하여 이 직업이 대를 물려 자손들에게 전해졌을 것입니다. 성경은 그들의 재산이 엄청났다는 것을 숫자로 말해 줍니다. 지금의 돈으로 그 짐승들의 값을 환산해 봐도 그들이 엄청난 부를 소유했다는 것을 알 수 있습니다.

목동들이 주로 하는 일은 소나 양 같은 짐승들에게 신선한 풀과 물을 먹이면서 늑대나 사자와 같은 약탈자로부터 그 짐승들을 지키는 일이었습니다. 풀은 한 번 뜯어 먹으면 자라는데 수십 일이 걸리기 때문에 자주 장소를 이동해야만 했고 어떤 일이 생길지 모르므로 자리를 비울 수가 없었을 것입니다. 그리고 들판에 천막을 치고 낮의 불볕 더위와 밤의 추위를 견뎌야 했을 것입니다. 모세도 이집트 왕자의 신분에서 광야의 목동으로 40년을 보냈고, 골리앗을 쳐부수기 전의 다윗도 집을 떠나 사자들로부터 짐승을 보호하는 성실한 목동이었습니다. 하나님은 그들의 성실함과 부지런함을 당대에 엄청난 부와 자손으로 축복해 주셨습니다. 아무리 재산이 많았다 하더라도 그들은 날마다 땀을 흘리며 자신의 직업에 성실히 임했을 것입니다. 지금 목동을 직업으로 삼는 사람은 거의 없을 것입니다. 그러나 어떤 직업을 가지고 생계를 유지하든 간에 자신의 맡은 일을 성실하고 묵묵하게 일하는 것이 삶에 필요한 모든 것을 얻는 비결이라는 것은 구약 시절이나 지금이나 똑같이 적용되는 하나님의 원칙입니다. 비록 남 보기에 수입이 덜하고 하찮아 보여도 하나님은 우리가 하는 일이 모두 신성하다고 말씀하셨습니다.

2. 재능을 살려 부지런히 일한다

하나님은 사람을 만드실 때 한 명 한 명 모두 다르게 만드셨습니다. 신원을 지문과 눈동자 홍채로 확인할 수 있다는 것만 보아도 그분의 섭리를 알 수 있습니다. 외모만 다른 것이 아닙니다. 성격이나 개성, 좋아하는 일도 다 다릅니다. 게다가 하나님은 개인에게 맞는 재능을 주셨습니다. 사교의 재능, 가르치는 재능, 창조적인 재능, 남을 이끄는 재능 등 수없이 많은 재능이 있습니다. 그러므로 학교나 교회에 출석하면서 과외활동이나 수업 활동을 통해 자신에게 잘 맞는 재능을 발견하고 개발하여 그 일을 토대로 직업을 삼는다면 직장에서도 뛰어난 능력을 발휘할 것입니다. 무턱대고 열심히 일할 것이 아니라 일하기 전에 자신에게 잘 맞는 재능이 무엇인지 발견하고 직업을 선택해야 성취감과 만족을 더욱 느낄 수 있습니다. 그러나 요즈음은 직업을 선택할 때 돈을 가장 우선순위로 둡니다. 과학고를 졸업한 학생들 대부분이 의대를 지원하는데, 자신들의 적성과 재능과는 상관없이 돈을 잘 벌 수 있는 직업이기 때문입니다. 그러나 아무리 의대를 나와 의사가 되었다 하더라도 적성과 재능에 맞지 않는 일이라면 근무 시간이 힘들고 괴로울 것이며 진정한 만족과 성취감을 느낄 수 없는 불행한 사람이 될 것입니다.

3. 재능에 맞는 직업을 택하고 열심히 지식을 쌓는다

구약에 나오는 인물인 야곱은 형의 장자권을 팥죽 한 그릇에 사고 아버지를 속여 축복을 받으며 삼촌 라반의 집으로 도망쳐 양을 대신 돌보지만, 삼촌 라반에게 속아 품삯도 제대로 받지 못한 불쌍한 사람이었습니다. 이런 상황에서 금의환향할 날을 꿈꾸는 것은 불가능해 보입니다. 아무리 열심히 일을 하고 땀을 흘린다 하더라도 부자가 되는 것은 쉬운 일이 아닙니다. 그러던 중 야곱은 삼촌에게 이상한 제의를 하게 됩니다. 자신의 품삯을 점이 있는 양과 염소로 요구한 것입니다. 삼촌 라반도 잔뼈가 굵은 목동 출신인지라 그의 제안이 자신에게 유리할지를 판단할 수 있는 지식과 경험이 있었습니다. 점이 있고 얼룩진 양이 나오려면 흰 양과 검은 양이 교배해야 얼룩진 양이 나온다는 것을 잘 알고 있는 삼촌 라반은 흰 양과 검은 양들을 서로 사흘 길이나 떼어 놓고 서로 교배하지 못하도록 하였습니다. 삼촌의 생각대로라면 야곱은 평생 열심히 일만 해주고 자신의 재산은 불려 나갈 수 있었을 것입니다. 그러나 야곱은 목동 생활을 하면서 흰 양과 검은 양이 각각 교배를 하더라도 몸속에 각각의 유전자를 모두 가지고 얼룩진 양을 낳을 수 있다는 것을 진지하게 관찰했습니다. 지금이야 유전의 법칙이라 하여 고등학교에서 배우는 상식이지만 그 당시에는 놀라운 발견이었을 것입니다.

그 결과 야곱은 삼촌 라반이 심하게 시기할 정도로 거부가 되었다는 것을 성경을 통하여 우리는 알고 있습니다. 이렇게 야곱은 자신의 일을 하면서 진지하게 관찰하고 연구하여 지식을 쌓아 더 좋은 방법을 찾아내는 사람이었습니다. 때문에 똑같은 일을 반복한 다른 사람에 비해 훨씬 뛰어난 성취를 하게 되었던 것입니다. 자신이 하는 일에 재능이 있고 열심히만 하면 좋은 결과가 있을 것입니다. 그러나 자신의 재능만 믿고 새로운 지식을 쌓고 배우고 연구하지 않는다면 그런 사람에 비해 뒤처질 수밖에 없다는 것도 우리는 잘 알고 있습니다.

지금의 세상은 너무 빨리 변화합니다. 제가 대학교를 졸업할 때만 하더라도 컴퓨터에 대해 문외한이었습니다. 그때가 8비트 교육용 컴퓨터가 시작되었던 시절이었습니다. 그러나 지금은 얼마나 발전되었는지 현기증이 일어날 정도입니다. 대학에서 배운 지식 가지고는 쓸 수 있는 지식이 거의 없다고 해도 과언이 아닙니다. 그러므로 날마다 배우고 익히며 새로운 지식을 쌓아 나가야 합니다.

농경문화에는 농경문화에 알맞은 현장에서 얻은 경험만으로도 충분했습니다. 산업시대 때는 그 이전보다 속도가 빨라졌어도 학교에서 배운 지식만으로 가능했습니다. 그러나 지금은 정보화 시대입니다. 1년만 지나면 버려야 할 지식들로 꽉 차는 시대에 우리는 살고 있습니다. 경제가 어려워서 들어갈 회사가 없는 것이 아니라 회사에서 요구하는 지식이 없음을 깨닫고 준비하는 사람이 되어야 합니다.

4. 그 위에 지혜를 쌓아, 재능을 살린 지식으로 열심히 일한다

얼마 전에 상담한 B집사님은 10년이 넘는 세월 동안 미용실을 운영했습니다. 그러나 최근 불황으로 미용실의 운영이 어렵게 되자 고민에 빠졌고 아는 사람으로부터 옷 장사를 추천 받았습니다. 그러나 저는 처음부터 지식과 경험을 쌓아가며 시행착오를 겪어야 되는 옷 장사가 성공할 확률이 희박할 것 같아 미용업을 중심으로 다시 생각해 보라고 권유했습니다. 결국 학생과 군인 거주 지역에 남성커트전문점을 열기로 결정했습니다. 그녀는 커트에 남다른 능력이 있을 뿐 아니라 남성커트전문점은 점포가 작아도 깔끔하게 인테리어를 하면 승산이 있는 사업이었습니다. 종업원 없이도 가능하므로 고정비용이 적게 들어 불황도 덜 타며 손쉽게 돈을 벌 수 있는 아이디어라며 기뻐했습니다. 아무리 열심히 일하고 지식이 많다 하더라도 지혜가 없다면 어려움이 닥칠 때 무너집니다. 그러나 지혜와 총명이 있다면 힘든 상황도 좋은 기회로 삼아 슬기롭게 헤쳐 나갈 수 있게 됩니다.

> 내가 네 말대로 하여 네게 지혜롭고 총명한 마음을 주노니 너의 전에도 너와 같은 자가 없었거니와 너의 후에도 너와 같은 자가 일어남이 없으리라 내가 또 너의 구하지 아니한 부와 영광도 네게 주노니 네 평생에 열왕 중에 너와 같은 자가 없을 것이라(왕상 3 : 12~13).

성경은 솔로몬왕이 이스라엘 역사상 가장 지식과 지혜와 부가 풍부한 왕이었다고 전하고 있습니다. 그는 동식물과 우주, 심지어는 물고기에 이르기까지 모르는 것이 없었습니다. 그의 뛰어난 지혜 때문에 전국 각지에서 왕과 귀인들이 선물을 들고 얼굴만이라도 보기 위해 찾아올 정도였습니다. 게다가 얼마나 부유하였던지 왕궁은 온통 금으로 뒤덮여 있었고 은은 조금도 찾을 수 없었다고 하니 당시의 부가 짐작도 되지 않습니다. 솔로몬 왕이 이렇게 대단한 인물이 된 것은 하나님께 지혜를 구했기 때문입니다. 그리고 그는 지혜롭고 총명한 마음과 함께 전무후무한 부와 영광이라는 응답을 받습니다.

일반적으로 지혜는 총명함에서 시작되며 이는 지식과 경험에서 나오는 엑기스 같은 것입니다. 그러나 아무리 지식과 경험이 많다고 해도 지혜를 갖기란 어렵습니다. 그러나 지식은 없어도 삶의 경험에서 우러나오는 지혜를 가진 사람이 있습니다. 지혜란 총명한 마음에서 우러나오는 통찰력을 통해 얻어지는 것이기 때문입니다.

> 지혜는 그 얻는 자에게 생명나무라 지혜를 가진 자는 복되도다(잠 3:18).

그러므로 우리는 열심히 일을 하면서 배우고 익혀 지식을 쌓고 지혜를 얻도록 노력해야 합니다. 지식이나 경험은 시간, 장소에 따라 사라지지만 지혜는 시간과 공간을 초월합니다. 그러므로 구약시대의 지혜로운 인물이 현대에 태어난다 하더라도 지도자로서의 능력을 유감없이 발휘할 것입니다. 그만큼 지혜는 위대합니다. 그리고 그것을 하나님이 증명하십니다.

> 지혜로 하늘을 지으신 이에게 감사하라 그 인자하심이 영원하리로다(시 136:5).

하나님은 지혜로 온 세상을 지으셨고 우주를 운행하시며 자연을 다스리고 계십니다. 그러므로 우리는 이러한 지혜를 하나님께 구해야 합니다. 솔로몬이 왕이 되어 첫 번째로 구한 것이 지혜였던 것처럼 우리도 하나님께 지혜를 구해야 하는데 그 지혜의 말씀이 성경이고 성령님께서 일러주시는 것입니다.

> 지혜와 권능이 하나님께 있고 모략과 명철도 그에게 속하였나니(욥 12:13).

어떤 사람이 새벽부터 나와 땅을 파고 있었습니다. 하루 종일 땡볕에도 쉬지 않고 팠지만 해질 무렵 커다란 굴삭기가 나타나서 한번 파내니 삽으로 하루 종일 판 것보다 더 많이 파 올렸습니다. 그런 다음 또 다른 사람이 도면과 지적 장비를 들고 열심히 측정하더니 굴삭기 기사에게 파는 자리가 잘못되었음을 지적하고 수정하여 다시 일을 하게 하였습니다. 삽으로 판 사람은 땀을 흘려 열심히 일을 한 사람입니다. 그러나 지식을 가진 사람은 굴삭기를 가지고 쉽고 빠르게 땅을 판 사람입니다. 그러나 지혜가 있는 사람은 열심히 파는 것도 중요하지만 적절한 장소를 지정해 주는 사람입니다. 정확한 장소가 아니라면 열심히 땅을 파는 행위가 다 소용없는 일이기 때문입니다. 그처럼 지혜가 중요합니다. 하나님은 당신의 자녀인 우리가 열심히 땀을 흘리며 사는 것을 원하시지만 지식과 지혜를 갖고 이 세상을 다스리며 영향력을 행사하는 지도자가 되기를 원하십니다. 각자 일하는 곳에서 존경을 받으며 뛰어난 업적을 올리는 것 이외에도 빛과 소금으로서 세상 사람에게 하나님의 나라를 확장하고 복음을 전하는 제자의 역할을 하시기를 기대하고 계십니다. 또한 솔로몬왕처럼 부유한 사람이 되어 하나님의 재산을 성실히 관리하며 하나님의 뜻에 따라 돈을 사용함은 물론이요. 불우한 이웃을 돕는 훌륭한 관리자가 되기를 바라고 계십니다.

여덟째 비밀

하나님의 부(富)와 세상의 부(富)를 구별하라

세간의 관심을 끄는 범죄 중의 하나가 위조지폐를 만드는 것입니다. 위조지폐는 상당히 정교하게 제작되어서 일반인들은 거의 구별하지 못하는 가히 예술(?)수준에 올라가 있는 것도 있다고 합니다. 각국의 중앙은행에는 위조지폐를 식별하는 전문가들을 고용하고 있으나 위조지폐를 만드는 기술이 놀라운 속도로 발전해 나가고 있어 이를 식별하려면 각고의 노력이 필요하다고 합니다. 보통 지폐는 각 나라의 지폐제조창에서 제조하고 중앙은행에서 발행합니다. 그래서 우리나라 중앙은행의 도장이 각 지폐마다 어김없이 찍혀 있는 것입니다. 또한 진짜와 가짜를 구별하기 위해서 홀로그램을 넣는다든지 특수 잉크를 사용하고 특별한 곳에 정교한 무늬를 넣는 등 각별한 주의를 기울이고 있습니다. 위조지폐가 아무리 진짜와 똑같이 만들어졌다 하더라도 그것은 진짜가 아닙니다.

하나님이 주신 부와 세상이 주는 부는 정교하게 만든 위조지폐처럼 일반 사람은 식별해 낼 수가 없습니다. 똑같이 만들어졌기 때문입니다.

돈이란 원래 물물교환의 수단으로 만들어졌습니다. 옛날에는 생필품인 쌀이나 소금을 대용으로 쓰기도 하였으나, 보관과 이동이 불편하여 차츰 반영구적이고 가벼워서 이동 및 보관이 편리한 동전이나 지폐로 바뀌어 갔습니다. 가벼운 종이지만 그 가치로 세상 사람들 뿐 아니라 크리스천도 많은 돈을 모으고 소유하려고 애쓰고 있습니다. 그러나 돈에는 두 가지의 얼굴이 숨어 있습니다. 하나는 하나님께서 주신 돈이고 하나는 세상이 주는 돈입니다. 이것을 구별하지 못하면 엄청난 화가 미친다고 성경을 말씀하고 있습니다.

위태로운 부자

> 예수께서 제자들에게 이르시되 내가 진실로 너희에게 이르노니 부자는 천국에 들어가기가 어려우니라 다시 너희에게 말하노니 약대가 바늘귀로 들어가는 것이 부자가 하나님의 나라에 들어가는 것보다 쉬우니라 하신대(마 19 : 23~24).

현대를 사는 크리스천들은 대부분의 사람들이 부자가 되기를 소망하고 있는 위험한 시대에 살고 있습니다. 그래서 21세기의 중요한 테마는 '어떻게 하면 부자가 될 수 있을까?' 입니다. 부자가 되는 책들이 난무하고, 실제적으로 가난한 상태에서 부자가 된 사람들의 경험담을 쓴 책들이 베스트셀러가 되며, 많은 사람들이 이것을 본받아 하고 있습니다. 10억만 있으면 인생을 멋지게 살 수 있다고 하여 부모들이 자녀에게 10억을 모아주기 위해 어렸을 때부터 통장을 만들어주며 교육을 시키고 있습니다. 실제로 '10억 모으기 따라 하기' 등이 사회적인 신드롬으로 투자에 실패를 한 사람들이 자살을 하는 등 온 세상이 순식간에 부자가 되기 위한 열풍에 휩싸이고 있는 듯합니다.

그러나 우리들이 그토록 열망하는 부자가 하나님 보시기에는 위태로운 지뢰밭입니다. 예수님은 부자가 천국에 들어가기 어렵다는 사실을 강조해서 또다시 비유로 말씀하고 계십니다. 비유로 말씀하시기를, 바늘귀란 옛날 성을 만들 때 큰 문들을 만들었으나 이는 적군의 침입을 방지해서 해가 지면 엄격하게 문을 닫아걸고 군사로 하여금 철저하게 지키도록 했습니다. 그러므로 먼 길을 와서 그 성문을 닫기 전에 도착하지 못한 사람들은 성문 밖에서 도적과 적군에 대한 두려움과 허탈감으로 밤을 지새우기 일쑤였습니다. 그래서 그 대안으로 사람들이 성안으로 들어갈 수 있도록 하기 위해 대규모의 적들을 들어가기 곤란하게 만들고 늦게 도착한 사람들만이 간신히 몸만 빠져 나갈 수 있도록 문을 만들었습니다. 그렇기 때문에 타고 온 낙타가 들어가려면 무릎을 구부리고 기어서 한참 만에 들어갔을 것입니다. 이 문이 바늘구멍처럼 작다고 하여 바늘귀라는 이름을 붙였던 것입니다. 이것을 보시고 예수님께서 부자가 천국에 들어가는 것은 이렇게 어렵다고 말씀하셨던 것입니다. 그렇다면 우리는 두 가지 선택을 해야 합니다. 하나는 부자가 되지 않고 천국에 안전하게(?) 가는 것과 둘은 부자가 되어 천국에 어렵게 가는 것입니다. 이것을 철저하게 깨닫지 못한다면 세상에서 부자가 되기 위해 발버둥 치다가 천국에도 들어가지 못하는 불쌍한 사람들이 될 것입니다.

부자 · 지옥 : 거지 · 천국

위 제목은 예수님께서 부자가 천국에 가는 것이 어렵다고 하셨으므로 대조적으로 가난한 사람들은 당연히 천국에 들어가는 것이 쉽다는 것으로 해석할 수 있습니다. 부자 지망생들이나 부자들은 이런 생각을 인정하기 싫겠지만 성경은 거짓이 없습니다. 그것을 뒷받침 해주는 비유가 또 있습니다.

> 한 부자가 있어 자색 옷과 고운 배옷을 입고 날마다 호화로이 연락하는데 나사로라 이름한 한 거지가 헌데를 앓으며 그 부자의 대문에 누워 부자의 상에서 떨어지는 것으로 배불리려 하매 심지어 개들이 와서 그 헌데를 핥더라 이에 그 거지가 죽어 천사들에게 받들려 아브라함의 품에 들어가고 부자도 죽어 장사되매 저가 음부에서 고통 중에 눈을 들어 멀리 아브라함과 그의 품에 있는 나사로를 보고 불러 가로되 아버지 아브라함이여 나를 긍휼히 여기사 나사로를 보내어 그 손가락 끝에 물을 찍어 내 혀를 서늘하게 하소서 내가 이 불꽃 가운데서 고민하나이다(눅 16 : 19~24).

예수님은 부자와 거지를 비유로 말씀하시면서 거지는 천국에 가고 부자는 지옥의 불꽃 가운데서 고생하고 있다고 말씀하시면서 부자가 천국에 들어가는 것이 어렵다는 것을 다시 한 번 확인시켜 주십니다. 그렇다면 하나님은 부자를 싫어하고 가난한 자를 더 좋아하시는 것일까요? 부자가 되는 것이 하나님 보시기에 악한 일이라서 그럴까요? 물론, 하나님은 개인에 따라 선택한 자를 구분 짓지 않으십니다. 다만 부자는 천국에 들어갈 수 없는 수많은 유혹에 넘어져 하나님의 뜻을 져버릴 수 있는 확률이 무척 높습니다. 결국 우리는 아무 생각 없이 맹목적으로 부자를 소망할 것이 아니라 천국에 들어갈 수 있는 충성된 일꾼이 되어야 합니다. 그러지 못할 바에는 차라리 가난한 채로 천국에 들어가는 것이 좋습니다. 가난하다는 것이 죄도 아니고 가난하게 산다고 해서 하나님이 먹을 것, 입을 것, 거주할 곳을 주시지 않는 것도 아닙니다. 그리고 행복은 상대적인 것이기 때문에 천국에 들어가는 가난한 자가 지혜로운 자입니다.

부자가 천국에 들어가기 어려운 이유

하나님은 공의로 천국에 들어갈 자를 판단하시지만 어쨌든 부자들이 천국에 들어가는 경우가 쉽지 않다는 것은 사실입니다. 그 이유는 무엇일까요?

> 악한 눈이 있는 자는 재물을 얻기에만 급하고 빈궁이 자기에게로 임할 줄 은 알지 못하느니라(잠 28:22).

성경은 먼저 부자가 되는 사람은 악한 행위로 돈을 모으기 때문이라고 말합니다. 부자가 되는 것은 쉽지 않습니다. 적은 수입을 아끼고 절약하여 저축을 하고 돈을 모은다 하더라도 돈이 좀 모아지면 그 돈을 쓸 일이 생기기 때문에 큰돈이 되기 전에 없어져 버립니다. 그리고 음식을 먹거나 여행을 가서도 마음이 착하여 대신 돈을 내기를 즐겨하고 남을 배려하며 베풀기를 좋아합니다. 그렇기 때문에 늘 돈이 수중에 남아 있지 않습니다. 그와는 반대로 부자가 된 사람은 의지가 굳세고 억척스러운 면이 있어서 수중에 들어 온 돈을 남을 위해 베푸는 경우가 없습니다. 따라서 구두쇠가 다 부자가 되는 것은 당연한 이치입니다. 그리고 어느 정도 돈을 모으게 되면 수단 방법을 가리지 않고 불법과 뇌물, 부도덕한 투기 등을 이용하여 돈을 불려서 거금을 만듭니다. 또한 고리대금으로 가난한 자의 다급한 처지를 이용하여 폭리를 취합니다. 그렇기 때문에 부자가 더 큰 부자가 되는 것입니다. 그러나 이러한 마음의 동기가 악하므로 하나님은 이를 외면하시고 천국 문을 닫는 것입니다.

해가 돋고 뜨거운 바람이 불어 풀을 말리우면 꽃이 떨어져 그 모양의 아름다움이 없어지나니 부한 자도 그 행하는 일에 이와 같이 쇠잔하리라(약 1:11).

또한 부자가 되려면 많은 노력과 시간을 투자하여야 합니다. 그래서 아침 새벽부터 밤늦은 시간까지 휴가도 없이 돈을 버는 일에 정신이 빠져 있습니다. 당연히 영적인 일에는 관심도 없습니다. 교회에서 드려야 하는 십일조와 헌금은 자신의 돈을 빼앗아 가려는 수단이라고 생각하여 교회 문 앞에도 가려고 하지 않습니다. 이렇게 세상에 빠진 사람에게 영적인 비밀과 하나님 복음의 말씀은 딱딱한 길가에 떨어진 씨앗이 되어서 싹도 트이지 못하고 새들이 쪼아 먹거나 썩어 버립니다. 결국 부자들은 한평생 돈만 바라보다가 돈에 빠져 자신이 죽을 때를 알지 못하고 살아갑니다. 그러나 부자가 죽어서 돈을 가져갈 수는 없는 일입니다. 결국 그 돈들은 유산으로 자식들에게 남겨져서 쾌락을 즐기는 수단으로 사용되어 그들의 몸과 정신을 황폐하게 하여 가문이 패망하는 경우가 흔히 있는 일입니다. 결국 부자들은 그들의 재물 때문이 아니라 그들의 악한 마음의 동기와 방법 때문에 천국에 들어 갈 수 없습니다. 그러므로 부자가 되고 싶다면 깨끗한 마음을 갖는 것이 무엇보다 우선입니다.

하나님이 주신 부(富)와 세상이 주는 부(富)의 차이점

가난한 채로 사는 것이 그렇게 어려운 일은 아닙니다. 이 세상에는 부자로 사는 사람보다 가난하게 사는 사람들이 훨씬 많습니다. 그리고 그렇게 사는 삶은 어려운 것이 아닙니다. 그러나 이 책을 읽고 있는 당신은 부자가 되는 것에 관심이 있고 부자를 소망하고 있다고 생각합니다. 그렇다면 당신은 어려운 길을 선택한 것입니다. 예수님께서 말씀하신 대로 부자가 천국에 들어가는 것은 몹시 어려운 일이기 때문입니다. 그렇기 때문에 부자가 되겠다고 결심하고 실행에 옮기는 사람들은 보통 사람처럼 살아서는 안 됩니다. 마치 적국에 들어가 첩보 업무를 수행하는 첩보원처럼 긴장과 경계를 쉬지 않고 살아야 할지도 모릅니다. 거듭 말씀드리지만 부자인 채로 천국에 들어간 사람은 만나보기가 쉽지 않기 때문입니다.

하나님이 주신 부

예수님은 부자가 천국에 들어가는 것이 어렵다고 했지만 성경에는 하나님의 복을 받은 부자들이 많이 등장합니다. 구약의 믿음의 조상들은 다 부자였습니다. 아브라함, 이삭, 야곱 그리고 그의 12아들들은 당대의 부자였습니다. 그리고 예수님의 무덤을 제공해 드린 아리마대 요셉도 부자였습니다. 그러므로 하나님께서 기뻐하시고 축복해 주신 부자들은 무엇이 다른지 알고 있어야 되겠지요.

1. 공급원은 하나님이시다

여호와께서 복을 주시므로 사람으로 부하게 하시고 근심을 겸하여 주지 아
니하시느니라(잠 10 : 22).

하나님께서 부르시는 부자는 이 세상의 부자와 같지 않습니다. 공급원
이 다르기 때문입니다. 위에 언급한 부자들의 공통점은 믿음이 훌륭한 조
상들이었음을 알 수 있습니다. 그러므로 하나님께서는 이렇게 훌륭한 믿
음을 소유한 자들에게 자신의 부를 나누어 주기를 즐겨하십니다. 똑같은
재물이라도 하나님께서 공급하신 재물은 성격이 다릅니다.

2. 마음은 기쁨으로 넘친다

하나님께서 주시는 부의 특징은 걱정과 염려가 없는 기쁨과 즐거움의
원천이 되는 재물입니다. 사람들이 돈이 많아지고 부자가 되면 이 재물을
누가 가져가지 않을까 하여 근심과 걱정으로 날을 지새는 것이 보통입니
다. 그러나 하나님께서 내려 주신 재물은 없어지지 않을 뿐 아니라 없어
진다 하더라도 세상의 주인이신 하나님께서 채워주실 것을 믿음으로 알
고 있기 때문에 즐거워할 수 있는 것입니다. 또한 하나님의 뜻대로 이웃
들과 나누어 주기를 즐거워하며 베푸는 것입니다.

사람이 하나님의 주신바 그 일평생에 먹고 마시며 해 아래서 수고하는 모
든 수고 중에서 낙을 누리는 것이 선하고 아름다움을 내가 보았나니 이것이
그의 분복이로다 어떤 사람에게든지 하나님이 재물과 부요를 주사 능히 누리

게 하시며 분복을 받아 수고함으로 즐거워하게 하신 것은 하나님의 선물이라
(전 5 : 18~22).

3. 그 성격은 하나님의 선물이다

어떤 사람에게든지 하나님이 재물과 부요를 주사 능히 누리게 하시며 분복
을 받아 수고함으로 즐거워하게 하신 것은 하나님의 선물이라(전 5:19).

크리스마스 때가 되면 아이들은 양말을 걸어 놓고 산타클로스 할아버
지의 선물을 손꼽아 기다립니다. 아이들이 크면 그 선물을 주는 사람이
누구인지 알게 되지만 어렸을 때나 나이가 들었어도 선물을 받으면 기쁜
것입니다. 그런 것처럼 하나님이 우리에게 주시는 부와 재산은 그분의 선
물입니다. 그 선물은 대가 없이 우리가 사랑하는 자녀이므로 주시는 것이
지 특별한 목적을 가지고 주시는 것은 아닙니다. 그러므로 기뻐할 수 있
고 하나님을 아버지로 둔 것을 감사해야 하는 것입니다. 그렇지만 선물을
주는 사람이 특별한 목적을 가지고 주게 되면 청탁이 되거나 뇌물이 됩니
다. 그럴 때는 아무리 좋은 물건일지라도 받는 사람이 부담을 갖게 되고
심지어는 돌려주는 일까지 발생합니다. 그것은 선물이 아니라 미끼로 생
각되기 때문입니다. 하나님은 당신의 부와 재산을 선물로 주시기를 원합
니다. 그러나 재산이 자신의 노력으로 얻어졌다고 생각되는 순간 사탄의
미끼가 되어 넘어지고 패망하는 화를 부르게 됩니다.

세상이 주는 부

온 세상 사람들의 소원은 부자가 되는 것입니다. 돈을 얻기 위해 청춘과 인생을 바칩니다. 많은 돈을 얻을 수 있다면 어릴 적부터 고생을 마다하지 않고 공부하며 성인이 되어서도 가정이나 자녀를 중요하지 않게 생각합니다. 많은 돈을 얻기 위해서는 그런 것들을 희생해야 한다고 생각합니다. 돈만 있으면 다 보상해 줄 수 있으니까요. 그것도 안 되면 행운에 올인합니다. 경마와 경륜, 그리고 도박과 로또복권까지 마지막 남은 재산을 투자합니다. 그렇게까지 해서라도 재물과 재산은 얻을 가치가 있다고 생각합니다. 그래서 그렇게 되지 않으면 낙심하고 실망하여 삶의 의미를 잃고 술에 젖어 남은 생을 허비하고 맙니다. 그렇다면 사람들이 그렇게 얻고 싶어 하는 세상의 부란 하나님이 주시는 부와 어떻게 다를까요?

1. 공급원은 사탄이다

세상은 하나님과 대조적인 의미입니다. 세상이 주는 부란 하나님과 상관없이 얻게 되는 부를 말합니다. 물론 이 세상의 모든 재물은 하나님의 것입니다. 하나님께서 만드셨으므로 소유자는 하나님이십니다. 그러나 하나님은 노력하고 수고하는 사람은 누구나 재물을 얻을 수 있도록 하셨습니다. 그래서 하나님을 모르는 사람들도 열심히 노동하고 노력하면 재물을 얻을 수 있도록 하셨습니다. 그래서 세상 사람들은 이러한 재물의 공급원에 대해서는 관심이 없습니다. 재물이란 세상이 생겨났을 때 우연히 생겼다고 생각하기 때문에 누구나 손에 넣는 사람이 주인이라고 말합니다. 만약 하나님께서 공급하시는 것이 아니라면 도대체 누가 이러한 것을 공급할 수 있는 힘을 가지고 있을까요?

마귀가 또 그를 데리고 지극히 높은 산으로 가서 천하만국과 그 영광을 보여 가로되 만일 내게 엎드려 경배하면 이 모든 것을 네게 주리라(마 4:8~9).

윗 구절은 예수님이 공생애를 시작하시고 세례요한에게 세례를 받으시고 광야에서 금식하셨을 때 마귀로부터 받은 세 번째 시험입니다. 사탄을 섬긴다면 세상을 다 주겠다고 합니다. 천하만국은 이 세상의 재물과 권력과 명예를 포함한 모든 것을 말합니다. 즉 사탄은 이 세상의 재물을 공급할 수 있는 능력이 있습니다. 그렇다고 세상 사람들이 가지고 있는 부와 재물이 다 사탄으로부터 공급되었다는 것은 아닙니다. 분명한 것은 하나님께서 공급하시지 않은 재물은 사탄이 은밀하게 위장을 해서 사람들에게 공급하여 사람들이 자신의 노력으로 얻었다고 생각하게 합니다. 사탄은 위장의 천재입니다. 자신의 목적이나 정체를 드러내지 않습니다. 세상 재물은 사탄으로부터 오는 것이 많고 큰돈을 얻게 된 행운은 대부분 행운을 위장한 사탄의 공급인 경우가 많습니다. 그것은 재산이 기쁘고 즐겁게 사용되는가 아니면 근심과 걱정, 자신과 가족들의 마음과 몸을 황폐하게 만드는지 보면 알 수 있습니다.

2. 마음은 괴로움의 연속이다

의인의 집에는 많은 보물이 있어도 악인의 소득은 고통이 되느니라(잠 15:6).

부자들의 가장 큰 병은 걱정과 두려움입니다. 미국에는 부자들이 걱정과 근심으로 인한 정신질환을 오래전부터 연구해오고 있는데 그 연구에 따르면 놀랍게도 부자들의 대부분이 재물로 인한 걱정과 근심을 가지고 있으며 정신 치료까지 받기도 한다고 합니다. 누군가가 이 돈을 빼앗아 가지 않을까? 갑자기 돈을 잃게 되지 않을까? 하는 걱정과 불안 때문입니다. 그래서 부자가 된 이후로는 사람들을 믿지 못하고 심지어는 가족들까지 의심을 하게 됩니다. 그래서 그 부는 더욱 큰 고통이 되어 걱정으로 인해 건강을 잃게 하게 심신이 쇠약해지며 영혼은 황폐해집니다. 안타까운 일이지만 성경에는 이 해악을 날카롭게 지적하고 있습니다.

> 내가 해 아래서 큰 폐단 되는 것을 보았나니 곧 소유주가 재물을 자기에게 해 되도록 지키는 것이라 (전 5 : 13).

3. 그 성격은 덫 안에 있는 미끼이다

세상이 주는 부는 하나님이 주시는 것과 같은 선물이 아닙니다. 그것은 자신의 탐욕을 채우기 위한 수단이 됩니다. 그래서 돈이 쌓이면 쌓일수록 만족하는 것이 아니라 자신보다 더 많이 갖고 있는 사람을 부러워하게 됩니다. 그래서 경쟁적으로 더 많은 돈을 원합니다. 그러나 바닷물을 마시면 마실수록 갈증이 더 나는 것처럼 돈에 대한 욕구도 끝이 없습니다.

> 은을 사랑하는 자는 은으로 만족함이 없고 풍부를 사랑하는 자는 소득으로 만족함이 없나니 이것도 헛되도다(전 5 : 10).

이 탐욕의 배후에는 사탄의 음흉한 흉계가 있기 때문입니다. 사탄의 목적은 사람들에게 기쁨과 즐거움을 주기 위해 재물을 주는 것이 아닙니다. 사탄은 이 돈을 미끼로 더욱 더 자신을 섬기게 하여 자유를 빼앗아 갑니다. 그러다가 결국은 넘어지게 하고 패망의 길로 들어서게 합니다. 세상이 주는 돈은 이렇게 덫 속에 있는 미끼에 불과한 것입니다. 그러므로 한번 이 미끼를 물게 되면 올가미가 목을 죄어옵니다. 발버둥 치면 칠수록 그 올가미는 목을 더 졸라매어 결국은 생명을 빼앗아 가는 것입니다.

> 들으라 부한 자들아 너희에게 임할 고생을 인하여 울고 통곡하라 너희 재물은 썩었고 너희 옷은 좀먹었으며 너희 금과 은은 녹이 슬었으니 이 녹이 너희에게 증거가 되며 불같이 너희 살을 먹으리라 너희가 말세에 재물을 쌓았도다 (약 5:1~3).

하나님의 부를 소유하려면 어떻게 해야 할 것인가?

지금까지 우리는 하나님의 부와 세상의 부에 대해서 살펴보았습니다. 부자가 되는 것은 어렵지만 부자가 된 후의 삶이 훨씬 어렵고 절망적일 수 있습니다. 그래서 성경은 부에 대해 끊임없이 경고하고 있습니다. 그렇다면 부자가 되는 길을 포기하고 그냥 이대로 살다가 천국에 가는 것이 더 좋을까요? 라고 자문하게 됩니다. 하나님이 주시는 부를 받아 관리할 수 있는 자심과 능력이 없다면 비록 이 세상에서 부자로 살지는 못하지만 천국에 가는 편을 택하는 것이 현명한 결정이라고 생각합니다. 부자가 아니라도 가난하게 사는 것만은 아닙니다. 돈에 대해서는 평범하게 보통사람으로 살면 되는 것입니다. 그러나 그래도 성경의 위인들처럼 하나님이 주시는 부를 받아 부자로 살면서 하나님을 기쁘시게 하고 싶은 사람도 있을 것입니다. 그런 분을 위하여 하나님이 주시는 부를 받으려면 어떻게 해야 하는가에 대해 생각해 보도록 하겠습니다.

1. 부자가 되고자 하는 동기가 선해야 한다

> 나는 너희에게 이르노니 여자를 보고 음욕을 품는 자마다 마음에 이미 간음하였느니라 (마 5:28).

예수님은 간음한 죄를 말씀하실 때 행위를 보기 이전에 벌써 그 마음을 읽고 계십니다. 그래서 이미 간음하는 행위를 하기 전에 이미 음욕을 품은 자를 간음한 것과 동일하다고 말씀하셨습니다. 그와 마찬가지로 하나님은 부자가 되고자 하는 마음의 동기가 선해야 한다고 말씀하십니다. 많은 사람들은 단지 돈이 많으면 사고자 하는 모든 것을 살 수 있으므로 자신의 욕망을 만족시키기 위한 수단으로 많은 돈을 필요로 하고 있습니다. 즉 탐욕의 포로가 되어 있는 자신을 알지 못합니다. 그러나 하나님은 자신의 욕망의 근원은 탐욕에 있으며 탐욕을 채워주기 위한 수단으로서의 부는 허락하지 않으십니다.

> 너희도 이것을 정녕히 알거니와 음행하는 자나 더러운 자나 탐하는 자 곧 우상 숭배자는 다 그리스도와 하나님 나라에서 기업을 얻지 못하리니 (엡 5:5).

그렇다면 하나님께서 기뻐하시는 선한 동기는 무엇입니까? 하나님께서는 우리에게 주시는 재물을 통하여 이웃을 구제하고 당신의 뜻에 따라 사용하기를 원하십니다. 그러한 순수하고 선한 마음을 품은 자를 찾아 재산과 물질을 맡기기를 원하십니다.

> 너는 반드시 그에게 구제할 것이요, 구제할 때에는 아끼는 마음을 품지 말 것이니라 이로 인하여 네 하나님 여호와께서 네 범사와 네 손으로 하는바에 네게 복을 주시리라 (신 15:10).

그러나 이러한 마음을 원한다고 얻어지는 것은 아닙니다. 먼저 남을 사랑하고 불쌍히 여기며 섬김의 은사가 있어야 이웃을 도와주고 싶은 마음이 일어나게 됩니다. 그러므로 먼저 이러한 은사가 없다면 은사를 간구하여야 하며, 간절히 요청하면 하나님께서 그러한 마음을 주실 것입니다.

또한 하나님의 뜻을 위해 재물을 사용할 수 있는 마음도 있어야 합니다. 하나님은 자신의 나라를 확장하고자 하십니다. 그래서 세계 어느 곳에든지 복음이 전파하는 데에 자신의 재물을 사용되기를 원하십니다. 그러므로 하나님의 부를 얻기 원하는 사람은 이런 불타는 소망을 가져야 하며 아끼지 않고 재물을 쓸 수 있는 사람이 되어야 합니다. 그리고 늘 기도와 간구로서 하나님의 뜻을 파악하는 데 힘쓰는 사람이 되어야 할 것입니다. 이러한 선한 동기가 없이는 아무리 애를 쓰고 노력한다고 하더라도 하나님은 침묵하실 것이며 기도와 소망은 허망하게 날아갈 것입니다. 그러므로 부자가 되기를 원하기 전에 자신이 왜 부자가 되고 싶은가를 곰곰이 생각해 보아야 하며, 이런 선한 동기가 없다면 먼저 이것을 하나님께 구해야 합니다. 그래서 하나님 나라의 확장과 이웃을 구제하겠다는 확고한 신념과 확신이 설 때 비로소 하나님의 마음을 움직일 수 있으며 하늘나라의 보물 창고는 열릴 것입니다.

2. 부자가 되는 방법은 선해야 한다

하나님께서 부를 부어주시는 방법은 부자가 될 수 있는 능력을 주시는 것입니다.

> 네 하나님 여호와를 기억하라 그가 네게 재물 얻을 능을 주셨음이라 이
> 같이 하심은 네 열조에게 맹세하신 언약을 오늘과 같이 이루려 하심이니라
> (신 8 : 18).

하나님은 부자가 되기 위해 필요한 지식과 경험과 지혜를 주시고 환경을 열어주십니다. 그러나 자칫 잘못 생각하면 자신의 지혜와 지식으로 부자가 되었다고 착각할 수도 있습니다. 그럴수록 인간은 인간적인 방법을 통해서만 부를 축적하려고 합니다. 인간의 방법이란 타락한 본성이 작용한 방법입니다. 부정과 부패, 거짓말, 뇌물, 위협, 불법, 불의 등입니다.

> 곧 모든 불의, 추악, 탐욕, 악의가 가득한 자요 시기, 살인, 분쟁, 사기, 악독
> 이 가득한 자요 수군수군하는 자요(롬 1 : 29).

성경에는 사탄의 본성이 불의와 불법으로 뭉쳐 있다고 말합니다. 제가 아는 사람 중에 퇴직을 하고 사채업을 하여 부자가 된 사람이 있습니다. 그런데 그 사람은 집사 직분을 맡고 있는 오래된 신앙인이었습니다. 사채

업은 대부업 등록을 하고 적법하게 경영을 하면 문제시 되지 않습니다. 그러나 하나님은 다급한 자의 형편을 악용하여 고리대금을 받는 것을 금하십니다. 사채업이 비록 쉽게 돈을 벌 수 있는 방법이기는 하지만 하나님께서 기뻐하시는 방법은 아닙니다.

그러나 세상 사람들은 수단 방법을 가리지 않더라도 부자가 될 수 있다면 얼마든지 그렇게 하려고 합니다. 그렇게 해서 부자가 되었다고 하더라도 그것은 하나님께서 주시는 부가 아닙니다. 사탄이 은밀히 설치해 둔 덫 속에 있는 미끼인 것입니다. 아무리 많은 돈을 벌 수 있는 기회가 왔다고 하더라도 단호하게 거절할 수 있어야 합니다. 그런 굳은 의지와 마음 자세를 가지고 있지 않다면 아직 부자가 될 시기가 멀었다고 생각해야 합니다. 투자의 세계에 뛰어 들어가게 되면 이러한 불의한 제의를 단호하게 거절하는 것이 쉽지 않습니다. 한 번만 눈감아 주어도 평생 쓸 수 있는 돈이 들어온다고 가정해 보십시오. 누가 이러한 유혹 앞에서 자유로울 수 있겠습니까? 그렇기 때문에 하나님은 엄격한 자격을 갖춘 사람이 부자가 되길 원하시고 수시로 시험하여 변함없는 마음을 가지고 있는지 늘 확인하고 계십니다. 왜냐하면 그는 당신의 자녀를 사탄의 종으로 잃고 싶지 않기 때문입니다. 그러므로 비록 부자가 되지 않더라도 당신 곁에 두고 싶어 하시는 하나님의 넓은 사랑을 감사해야 합니다.

3. 부자가 되어서도 선한 곳에 재물을 사용해야 한다

선한 동기를 가지고 선한 방법으로 열심히 노력하면 하나님은 기쁨으로 엄청난 부를 허락하십니다. 그러나 시간이 지나가면 사람들의 마음은 쉽게 변하고 처음 사랑을 헌신짝처럼 버릴 수 있습니다. 가난하고 어려울 때 하나님께 눈물로써 간구하고 기도하여 하나님의 마음을 움직일 수 있었습니다. 그러나 자신 앞에 엄청난 부가 생기면 자연스레 생각지도 못한 탐욕스럽고 타락한 본성이 꿈틀거리기 시작합니다. 처음에는 이런 마음을 없애보려 노력해보고 기도도 해보지만 사탄은 틈이 보이는 사람을 집요하게 공격합니다. 그러기를 여러 번, 마음은 점점 약해지고 자신을 치장하는 데 돈을 쓰는 기쁨에 빠지기 시작합니다. 남에게 자랑하고 싶어서 외제 고급 승용차를 구입합니다. 일 년에 몇 번 사용하지도 않을 별장을 거액의 돈을 주고 구입합니다. 보통 사람들은 꿈에도 못 그릴 남태평양으로 낚시여행을 떠나 온갖 선물을 사들고 돌아옵니다. 이렇게 자신의 욕망을 채울 때 하나님을 향한 믿음과 사랑은 점점 식어져 갑니다. 이 때 하나님도 그 사람을 버리게 됩니다. 차라리 부자가 되지 않는 편이 낫습니다.

하나님은 우리에게 돈을 마음대로 써도 좋다고 하신 것이 아닙니다. 하나님이 주신 돈은 우리가 그분의 뜻에 합당하게 사용하라고 맡겨진 것입니다. 우리는 소유자가 아니라 관리자에 불과합니다. 큰돈을 맡겨서 부자가 되게 하셨다면 더욱 큰 기대를 가지고 있다는 뜻입니다.

아무리 큰 부자가 되었다 하더라도 하나님의 뜻대로 돈을 사용하지 않으면 그 돈도 하나님의 뜻에 따라 사라지게 됩니다. 그 돈의 주인은 하나님이시기 때문입니다.

> 예수께서 가라사대 네가 온전하고자 할찐대 가서 네 소유를 팔아 가난한 자들을 주라 그리하면 하늘에서 보화가 네게 있으리라 그리고 와서 나를 좇으라 하시니 그 청년이 재물이 많으므로 이 말씀을 듣고 근심하며 가니라 (마 19 : 21~22).

예수님께 온 부자 청년은 영혼의 구원에 관심이 많았습니다. 예수님도 그 마음의 총명함을 보시고 제자 삼기를 원하셨습니다. 그러나 결국 재물 때문에 영광스런 길을 저버리고 영혼도 버려지는 안타까운 주인공이 되어 버렸습니다. 부자가 되는 것보다 더 어려운 것이 하나님께서 기뻐하시는 부자로 살아가는 것입니다. 이것이 얼마나 어려우면 부자가 천국에 들어가는 것이 심히 어렵다고 하셨겠습니까? 그러나 어려운 일일수록 기쁨과 보람도 많이 있는 법입니다. 하나님은 어렵지만 이 일을 해줄 당신의 제자를 찾고 계십니다. 그리고 성실하고 충성스럽게 이 일을 해낸다면 하늘나라의 상급도 대단할 것입니다. 부자가 되어 이 세상에서 좋은 일도 많이 하고 천국에 가서 하나님께 칭찬 듣고 상급도 많이 받을 수 있다면 이보다 더 좋은 일이 있을까요?

아홉째 비밀

거룩한 성품은
모든 일의 기본이다

　우리는 2002년에 우리나라에서 열렸던 월드컵 경기를 아직도 생생하게 기억합니다. 물론 우리나라가 역사상 최고의 성적으로 월드컵 4강이라는 성적을 올려서도 기쁘지만 꿈에도 상상하지 못한 4강이라는 귀한 성적을 올리기까지의 드라마틱한 이야기들이 있기 때문입니다. 이제는 우리에게 아주 친근한 이름이 되어버린 히딩크 감독이 우리나라 대표 팀 감독 초반 시절에는 외국과의 경기에서 참패를 밥 먹듯이 하였습니다. 프랑스와의 경기에서 5:0이라는 성적이 말해주듯이 치욕적인 패배를 겪고 나서 그의 별명은 오대영이 되기도 하였습니다. 그렇지만 그는 이러한 성적에 아랑곳하지 않고 당당하고 태연하게 '잘하고 있다.' '시간이 걸려야 하니까 좀 기다려 달라.' 고 해서 화가 난 기자들이 그의 말을 신문에 대서특필(?)하기도 하였습니다. 그러나 그 와중에도 그의 훈련방식은 체력훈련에 집중되어 있었습니다. 나중에서야 그의 지옥 같은 체력훈련의 성과를 알게 되었지만 처음에는 많은 선수들의 불평과 원망의 대상이었을 겁니다. 그래도 히딩크는 꿋꿋하게 매일매일 선수들이 초죽음이 되도록 지독한 체력훈련을 시켰던 것입니다. 그리고 시간이 지나서 월드컵 본선 경기가 열리게 되자 우리는 체력훈련이 얼마나 중요한지 분명히 알게 되었습니다. 16강을 통과하기가 무섭게 우리는 세계적인 강호들과 3일 간격으로 계속 맞붙었습니다. 매 경기가 치열한 백병전을 방불케 하였고 연장전에다 승부차기로 가는 경기도 있었습니다. 그것을 지켜보는 축구팬은 손에 진땀이 나는 일생일대의 최고의 경기를 보는 행운을 얻었지만 선수들의 몸은 경기가 더해 갈수록 체력이 바닥나고 한계가 온 것입니다. 특히 우리나라 전술의 특징은 미드필드에서부터 강하게 압박하는 엄청난 체력을 요구하는 전술이었으니 체력 소모가 얼마나 심한지 상상하기가 어려울 정도였습니다. 그러나 우리는 경이적인 월드컵 4강의 주인공이 되었고 세계의 눈은 우리의 기적적인 승리에 쏠리게 되었습니다.

지금은 그때의 흥분이 사라졌지만 이 경기를 지켜 본 우리들이 행운아임은 지금도 인정합니다. 우리 선수들에게 중요했던 체력은 운동선수들의 기본 중의 기본입니다. 운동신경도 뛰어나야겠지만 순발력, 지구력 등을 지탱해주는 체력이 중요합니다. 체력이 튼튼하지 못하다면 훌륭한 프로 선수가 될 수 없음을 우리는 잘 알고 있습니다. 그렇다면 우리가 인생을 살아가는 데 가장 중요한 기본은 무엇일까요? 학력이나 재능, 외모, 끈기 등 여러 가지가 다 중요할 것입니다. 그러나 가장 중요한 기본이 되는 것은 성품입니다. 아무리 돈을 많이 벌어 재벌회사의 회장이 되고, 박사학위를 받아 훌륭한 대학의 교수가 되고, 외모가 뛰어나 모든 사람들의 선망이 되는 미스 코리아라 할지라도 성품이 반듯하지 못하면 그 찬란한 훈장은 빛이 바래서 사람들의 지탄을 받고 기억 속에서 멀어질 것입니다. 하나님의 재정을 맡는 충성스러운 부자가 되어 하나님의 나라를 확장하는데 밤낮을 가리지 않고 열심을 품어 일하며 믿음이 견고하여 모든 사람들의 부러움의 대상이 된다고 하여도 성품이 받쳐주지 못하면 모래 위에 쌓은 집처럼 바람이 불고 태풍이 몰려오면 순식간에 무너질 것입니다.

거룩한 성품이란 무엇을 말하는가?

성품이란 단어는 인품이나 인격과도 비슷한 말입니다. '인자하고 온화한 성격의 소유자이다' 라든가 '성품이 강직하다' 라는 말들은 그 사람의 인격을 말해주는 것입니다. 즉 그 사람의 됨됨이를 단적으로 이야기해주는 표현입니다. 성경에서 원하는 성품은 하나님의 성품을 닮아가는 것입니다. 하나님의 성품이 거룩하므로 그분의 자녀인 우리도 거룩한 성품에 닿아야 합니다.

> 나는 너희의 하나님이 되려고 너희를 애굽 땅에서 인도하여 낸 여호와라
> 내가 거룩하니 너희도 거룩할찌어다 (레 11:45).

하나님은 우리가 본인의 성품에 참예하길 원하십니다. 그리고 그 거룩한 성품을 통해서 맺어지는 것들을 성경에서는 성령의 열매라고 말씀하십니다. 그러므로 우리는 성령의 열매가 있어야 하며 예수님은 열매 맺지 않은 나무마다 베어 내어 불에다 태워 버리신다는 무서운 말도 하셨습니다. 그러므로 우리는 하나님의 은혜로 우리의 성품을 갈고 닦아 하나님께서 원하시는 성령의 열매인 거룩한 성품을 지녀야 하는 것입니다.

> 오직 성령의 열매는 사랑과 희락과 화평과 오래 참음과 자비와 양선과 충

성과 온유와 절제니 이같은 것을 금지할 법이 없느니라(갈 5 : 22~23).

왜 거룩한 성품은 모든 것의 기본이 되는가?

1. 하나님의 뜻을 잘 알게 된다

아인슈타인은 물리학의 혁명이라고 일컬어지는 상대성이론을 발견했습니다. 이 상대성이론은 이제까지 알고 있는 물리학의 상식을 뒤엎고 시간과 공간은 절대적인 것이 아니라는 폭풍과 같은 선언을 하였습니다. 이 후 폭풍으로 상대성이론은 물리학뿐만 아니라 삶의 전 영역에서 맹렬한 힘을 발휘하였습니다. 그래서 사람들은 모든 것이 상대적이라고 생각하는 포스트모더니즘의 영향을 받게 되었습니다. 사람들이 판단하는 모든 것이 모호하고 혼미해진 것입니다. 그래서 자신들이 관찰하고 경험한 것 이외에는 믿지 않는 사고방식이 사람들을 점령하게 되었고 진리란 생각하기 나름이라고 결론 맺게 됩니다. 결과적으로 사람들은 자신이 가지고 있는 감정이나 생각, 신념, 철학들조차 믿을 수 없는 것이라고 생각합니다.

이런 혼란스러운 세상에서 우리가 믿을 수 있는 대상은 하나님 뿐이라는 것을 더욱 절실히 깨달아야 합니다. 하나님만이 절대 불변의 진리이시고 역사의 주관자이십니다. 이 세상을 주관하시고 우주를 운행하시는 하나님만이 우리가 추구하고 영광을 돌려야 하는 대상입니다. 그러므로 하나님의 말씀만이 이 세상을 판단하는 잣대입니다. 하나님의 성품은 결국 우리가 닮아야 하고 그분의 생각을 배우고 이해하고 인정하게 될 때 비로소 하나님의 뜻을 더욱 잘 알게 됩니다.

2. 거룩한 행동의 근원이다

대저 그 마음의 생각이 어떠하면 그 위인도 그러한즉 그가 너더러 먹고 마
시라 할지라도 그 마음은 너와 함께하지 아니함이라 (잠 23:7).

사람이 행동하는 근원은 어디에 있을까요? 행동하게 되는 원인은 뇌에
서 그렇게 생각하기 때문입니다. 그렇다면 생각의 원천은 어디에 있을까
요? 똑같은 행위를 가지고 사람마다 다른 생각을 할 수 있습니다. 상점에
서 빵을 훔친 사람을 보고서 더 나쁜 짓을 하기 전에 혹독하게 도둑질을
하지 못하도록 가르쳐야 한다고 생각하는 사람도 있고, 얼마나 배가 고팠
으면 빵을 훔쳤을까 하고 불쌍히 여기는 사람도 있습니다. 그렇게 생각하
는 근원은 그 사람의 성품에 좌우됩니다. 그래서 성경은 그 사람이 생각
하는 대로 그 사람의 인품이 결정된다고 말하고 있습니다.

분을 내어도 죄를 짓지 말고 해가 지도록 분을 품지 말고(엡 4:26).

그러나 거꾸로 그 사람의 행동하는 것만을 보고 그 성품을 단정할 수는
없습니다. 위 성경 말씀처럼 누구나 화를 낼 수 있습니다. 아무리 온화하
고 유순한 성품의 사람이라도 때에 따라서 화를 내고 말다툼을 할 수 있
습니다. 그래서 화를 내는 것 자체가 죄는 아닙니다. 그러나 화가 지나쳐
서 또 다른 죄악을 행하며 그 다음날이 되도록 풀지 않는 것은 죄입니다.
그리고 이것을 책망하십니다. 아무리 포악한 사람일지라도 자신을 가르
치는 스승 앞에서는 자신의 나쁜 성격을 드러내지 않고 오랜 시간을 참을

수 있습니다. 그러므로 행위로 사람을 판단하기는 매우 어렵습니다. 열 길 물속은 알아도 한 길 사람 속은 모른다는 속담이 있습니다. 그만큼 사람을 제대로 판단하는 것이 힘들다는 것을 말해 줍니다. 사랑의 근원이신 예수님도 때에 따라서는 화를 내시고 성전의 상인들을 채찍으로 쫓아내신 적도 있을 정도입니다. 그러나 행동하는 것을 보고 그 사람의 성품을 판단하긴 어렵지만 성품을 보면 그 사람의 됨됨이를 알 수 있으며 어떤 사고방식과 행동을 하는지 예측이 가능합니다.

행동은 가르침이나 훈련, 자신의 노력에 의해서 얼마든지 변화시킬 수 있습니다. 심지어는 사람이 아닌 개나 원숭이들도 잘만 훈련시키면 훌륭한 묘기를 합니다. 그러나 성품을 변화시키는 것은 어렵습니다. 성품은 타고 나기도 하며 후천적으로 바뀌기도 하지만 후천적으로 바뀌는 것은 끊임없는 각고의 노력이 필요합니다. 그래도 서서히 변화합니다. 몇 년이 걸리고 심지어는 수십 년이 걸리기도 합니다. 때로는 아무리 세월이 흘러도 바뀔 수 없는 것입니다. 그러나 성령의 가르침에 의해서는 변화할 수 있습니다. 성령님은 하나님이시고 우리를 만든 분이시므로 우리의 성품을 바꿀 수 있는 능력도 가지고 계십니다. 그러나 성령님은 언제나 그렇듯이 억지로 일을 하시지는 않습니다. 본인이 진심으로 바라고 요청해야 가능한 것입니다. 성령님이 개입하셔서 좋은 성품으로 바꾸시더라도 사람이 해야 할 일이 있습니다. 하나님의 능력을 의지하고 믿음의 눈으로 바라보아야 하고 어떤 유혹이 오더라도 참고 견디는 인내심을 발휘해야 합니다. 어떻게 생각하느냐에 따라 그 사람의 인생이 달라집니다. 그 사람의 생각이 그 사람을 만들어 갑니다. 일생을 통해서 거룩한 삶을 살아가는 사람은 거룩한 성품을 갖게 됩니다. 성품은 행동을 통해 나타나기 때문입니다. 하나님은 거룩하시므로 우리도 그런 성품을 갖기를 요구하십니다.

3. 위험에 대비한 안전장치이다

위험한 물건일수록 안전하게 취급하는 것이 보다 중요합니다. 자칫 잘못하면 본래의 의도와는 반대로 위태로운 상태에 빠질 수 있게 되기 때문입니다. 모든 총기에는 안전장치가 있습니다. 권총이든 소총이든 안전장치를 풀지 않으면 방아쇠를 당겨도 발사되지 않습니다. 수류탄도 안전장치가 있습니다. 안전핀이라고 하는 동그란 고리를 잡아 빼고 던져야 터집니다. 안전핀을 빼지 않고 던지면 당연히 터지지 않는데, 이렇게 만든 이유는 잘못 취급하다 총알이 장전된 채로 방아쇠를 당겼을 때 화를 입지 않기 위해서입니다.

부하려 하는 자들은 시험과 올무와 여러가지 어리석고 해로운 정욕에 떨어지나니 곧 사람으로 침륜과 멸망에 빠지게 하는 것이라 돈을 사랑함이 일만 악의 뿌리가 되나니 이것을 사모하는 자들이 미혹을 받아 믿음에서 떠나 많은 근심으로써 자기를 찔렀도다(딤전 6:9~10).

재물도 위험한 물건입니다. 성경은 재물이 원인이 되어 화를 입은 많은 사람들을 소개하고 있습니다. 여리고 성을 탈취할 때 얻은 전리품인 금과 은 그리고 고급 외투를 훔쳐 일가족과 함께 죽은 아간, 그리고 자신의 밭을 팔아 성전에 바치려고 했던 아나니아와 삽비라 부부, 그리고 예수님을 팔아먹은 가룟 유다 등이 그러합니다. 그들은 큰돈을 보자 그만 이성을 잃고 탐욕의 노예가 되어 생명을 잃은 사람들입니다. 돈은 잘못 사용하면 생명을 잃을 뿐 아니라 영혼이 천국에 가지도 못하는 엄청난 화를 입게 되는 가장 무서운 탐욕의 속성을 지녔습니다. 그만큼 재물은 위험천만한 물건이기도 합니다. 돈의 가장 무서운 속성은 사람들이 두려워하거나 경계하지 않는다는 점입니다. 무서워하기는커녕 서로 소유하려고 혈안이 되어 있습니다. 만약 수류탄을 집에다 보관한다고 생각해 보십시오. 잠도 오지 않을 정도로 걱정이 될 것입니다. 그러나 재물은 평생을 바쳐 갖고 싶은 것입니다.

위험한 가스나 화약 등을 다루는 사람들은 정부에서 특별한 자격시험을 거쳐야만 자격을 얻을 수 있습니다. 그리고 자격 없는 사람들이 임의로 다루는 경우에는 조심해서 다루도록 제한되어 있습니다. 이런 사람들을 위험물 관리취급자라고 부릅니다. 그런 것처럼 하나님께서도 큰돈이 가지고 있는 위험한 속성을 잘 아시기 때문에 특별히 채택한 자에게만 이것을 맡겨 두십니다. 하나님이 자격을 수여한 위험물소지자는 거룩한 성품을 지닌 사람입니다. 거룩한 성품을 지닌 사람들은 욕심이나 조급한 성격이 없고 충성스럽고 나누어 주기를 좋아하며 사랑이 넘치는 성품을 지녔으므로 불의한 뇌물이나 큰돈의 유혹이 속삭여도 넘어가지 않습니다. 결국 이러한 거룩한 성품은 사탄의 덫에 대비한 안전장치입니다.

4. 대인관계를 나타내는 표지판이다

"사람은 사회적 동물이다." 그리스의 철학자 아리스토텔레스가 말한 이 뜻은 사람은 혼자 사는 것이 아니라 여러 사람들과 더불어 살아가는 존재라는 것입니다. 그래서 한자도 사람을 인간(人間)이라고 씁니다. 사람들과 더불어서 살아가야 하기 때문에 좋으나 싫으나 관계를 맺고 살아갈 수밖에 없습니다. 대인관계를 잘 맺고 있는 사람도 있고 그렇지 못한 사람도 있어 사람을 평가하는 수단으로 사용하는 것입니다. 그래서 대인관계가 좋은 사람이라는 표현을 씁니다.

재물은 하나님께서 만드셨지만 이 재물의 유통을 원활하게 하기 위하여 사람이 만들어 낸 발명품이 바로 돈입니다. 그러므로 돈은 장롱 속에 넣어서 유통되지 않으면 아무런 의미가 없습니다. 지금도 정부에서는 장롱 속에 있는 검은 돈이나 주인을 밝히기 꺼려하는 돈을 끄집어내기 위해 실명제 예외인 무기명 CD(양도성 예금)에 예치할 수 있도록 합니다. 결국 돈은 사람들 사이에서 돌아다녀야 비로소 제 역할을 하게 됩니다. 돈은 사람들 사이에 돌아다니면서 제 역할을 하기도 하지만 주인의 성품도 훤히 알게 해줍니다.

> 네 보물 있는 그 곳에는 네 마음도 있느니라(마 6 : 21).

예수님은 재물을 보고 어떤 마음을 품고 있는지를 보면 그 사람의 성품을 알 수 있다고 하셨습니다. 탐욕이 많은 사람은 돈을 탐욕스럽게 모읍니다. 고리대금을 받아가며 불행한 처지에 있는 사람들의 돈을 냉정하게 채갑니다. 사랑이 많은 사람은 나누어주기를 좋아하며 접대하기를 즐겨합니다. 이처럼 돈을 사용하는 행태는 성품을 알 수 있는 잣대입니다. 하나님은 돈을 대하는 태도를 철저하게 보시고 계십니다. 따라서 거룩한 성품을 가지고 있는 사람을 찾고 계십니다. 하나님의 어마어마한 재물을 잘 관리하고 그분의 뜻에 맞게 충성스럽게 사용할 수 있는 거룩한 사람이기 때문입니다.

성경에 나타난 부자와 성품의 관계

성경에는 부자가 되는 것을 경계하고 부자의 부정적인 면을 강도 있게 강조하지만 하나님께서 허락하신 부자들도 꽤 많이 있습니다. 성경의 부자들은 어떤 성품을 가졌는지 알아보겠습니다.

아브라함

믿음의 조상이라고 알려진 아브라함은 부자였습니다. 그는 은, 금이 풍부하고 가축도 많이 소유하고 있었으며 거느린 병사만도 300여 명일 정도로 그 지방의 왕과 버금가는 권력과 재산을 소유한 사람이었습니다. 그는 사랑과 자비가 넘치는 사람이었습니다. 가축이 많아져서 조카 롯과 헤어질 때도 좋은 땅을 선택할 권리를 조카 롯에게 먼저 줄 정도로 관대했습니다. 롯이 전쟁 통에 포로로 잡히자 자신의 사병들을 이끌고 목숨을 걸고 찾아 올 정도로 의와 사랑이 넘치는 사람이었습니다. 그리고 나그네에게도 대접을 아끼지 않아 하는 사람이었습니다. 그래서 하나님의 세 천사가 지나가자 급히 집에 불러 양을 잡아 융숭하게 대접을 합니다. 그의 자비로운 성품이 잘 드러난 곳은 하나님께서 소돔과 고모라의 악함을 보시고 그 성을 멸하려 할 때 하나님께 몇 번이고 간청하여 막아보려고 했던 부분입니다. 그래서 하나님은 그에게 복의 근원이 될 것을 선포하였고 하나님의 은혜로 큰 부자로 천수를 누리고 살다 간 행복한 사람이었습니다.

이삭

이삭은 아브라함이 100세에 얻은 귀한 아들입니다. 그도 하나님의 복을 받아 농사를 지을 때 하나님께서 백배로 소출을 크게 해 주시고 가축이 많았다는 것을 알 수 있습니다. 이삭의 성품은 어린 나이에도 불구하고 아버지 아브라함이 하나님의 시험으로 자신을 재물로 드리고자 죽이려고 할 때 순순히 아버지의 행동을 받아들였던 온유함입니다. 그는 힘들게 우물을 파서 가축들에게 먹이며 목동 일을 하고 있었는데, 그 지방의 목동들이 그 우물을 빼앗으려고 시비를 걸어도 맞대응하지 않고 순순히 판 우물을 주고 다른 곳으로 가서 또 우물을 팔 정도로 마음이 유순하고 자비로운 사람이었습니다.

욥

욥은 당대의 큰 부자였습니다. 양떼나 소 같은 가축들은 수천 마리가 넘었으며 여종과 남종들도 많이 거느렸고 다른 재물도 많았습니다. 그의 재산을 요즘 가치로 따져도 재벌에 버금가는 재산일 것입니다. 그의 성품은 욥기를 통하여 잘 알려져 있습니다. 욥이 사탄의 시험으로 재산을 다 잃고 자녀도 잃고 몸에 악창까지 나자, 아내가 그에게 하나님께 욕을 하고 죽으라는 심한 말을 하였을 때도 그는 아내에게 입술로 범죄하지 않았습니다. 그리고 그 심한 하나님의 시험을 당하면서도 불평이나 원망을 하지 않고 담담하게 받아들이는 것을 볼 때 온유하고 인내심이 많은 사람이라는 것을 잘 알 수 있습니다. 또한 욥의 세 친구가 와서 그의 고난과 역경이 그의 범죄함 때문이라고 심하게 질책하였어도 악한 말을 하지 않고 견디었습니다. 시험이 모두 끝나고 하나님께 세 친구의 잘못을 용서해 달라고 빌 정도로 사랑과 자비가 넘치는 성품을 가진 사람이었습니다. 그래서 하나님께서는 그의 믿음과 성품을 기뻐하시며 재산을 두 배로 축복해 주셨고 자녀도 다시 주셨습니다.

아리마대 요셉

아리마대 요셉은 성경의 중심인물은 아니지만 그의 행동은 이채롭습니다. 그는 부자로서 공회원이었고 신앙심이 두터운 인물이었습니다. 공회원 정도의 신분이면 상당한 명예와 권력을 소유하고 있었을 겁니다. 그는 예수님의 시체를 달라고 하기 위해 빌라도를 찾아 갑니다. 그리고 예수님의 시체를 장사 지냅니다. 이 행위는 당시 다른 공회원 신분의 사람들은 사회 지도층들이 반대하던 사람에 대한 종교적이며 정치적인 사건에 휘말리지 않으려고 몸을 사렸던 것에 반하는, 자칫하면 큰 봉변을 당할지도 모를 일에 담대하게 나선 것이었습니다. 이것으로 볼 때 그는 예수님을 깊이 존경하고 사랑하였으며 불의한 일에 당당하게 나서는 성품이었던 것 같습니다. 또한 그는 한 번도 쓰지 않은 동굴을 예수님을 위해 바칩니다. 그 당시에는 무덤을 동굴로 사용하였는데 동굴에는 모든 가족들의 시체를 같이 넣을 수 있어서 상당히 비싸게 거래되었던 것입니다. 이것으로 아리마대 요셉은 자신의 재산을 흔쾌하게 쾌척하는 자비롭고 온유한 성품을 가지고 있었다는 것을 알 수 있습니다.

부자 청년

마지막으로 마태복음 19장에 나오는 예수님을 찾아 왔던 부자 청년을 살펴보도록 하겠습니다. 이 부자 청년은 믿음이 신실하고 하나님을 경외하며 살았던 사람으로 청년인데도 불구하고 영적인 축복에 관심이 많았던 인물이었습니다. 그래서 그는 예수님을 찾아와 영생을 얻는 방법을 물어봅니다. 그리고 그는 그때까지 계명을 잘 지키며 살았다고 고백합니다. 그러자 예수님은 이 청년의 재산이 많은 것을 아시고 재산을 다 팔아 가난한 사람에게 주고 자신을 따라오라고 하며 제자로 받아들이려 합니다. 그런데 안타깝게도 이 청년은 재산이 많으므로 걱정하다가 그 제안을 거절하면서 떠나갑니다. 이 청년은 신앙심이 깊었음에도 불구하고 불우한 이웃을 도와주고 싶은 자비로운 마음이 부족했고, 가지고 있는 재산을 움

켜쥐고자 하는 욕심 많은 청년이었습니다. 탐욕이 그의 영혼을 하나님에게서 떼어 버렸던 것입니다. 이 청년을 보낸 후에 예수님은 부자가 천국에 들어가는 것이 낙타가 바늘귀로 들어가는 것보다 더 어렵다고 하시면서 안타깝게 여기셨습니다. 성경에 제자로서 이름을 길이 남길 수 있었지만 돈 때문에 그 고결한 기회는 사라졌습니다. 아무리 믿음이 좋더라도 성품이 합당하지 못하면 천국에 들어갈 수 없습니다.

하나님의 부를 얻기 위해서는 어떤 성품이 필요한가?

사랑

하나님의 성품을 한 단어로 줄인다면 '사랑' 입니다. 그래서 예수님께서 첫째가는 계명이 하나님과 이웃을 사랑하는 것이라고 말씀하신 것입니다. 사랑과 비슷한 자비나 긍휼, 불쌍히 여기는 마음도 같은 개념의 말입니다. 불우한 이웃들에 대하여 이러한 성품을 갖는다는 것은 하나님의 재물을 관리할 수 있는 가장 중요한 성품입니다.

> 심는 자에게 씨와 먹을 양식을 주시는 이가 너희 심을 것을 주사 풍성하게 하시고 너희 의의 열매를 더하게 하시리니(고후 9:10).

하나님이 우리에게 재물을 주시는 이유는 우리가 생계에 필요한 것을 구입하기 위한 것입니다. 부자가 되게 해 주시는 이유는 의의 열매를 맺기 원하시기 때문입니다. 하나님이 주시는 재물을 가지고 하나님의 뜻에 따라 이웃 구제하기를 원하시는 것입니다. 이 구제에 필요한 성품은 바로 사랑하는 마음입니다.

은혜를 베풀며 꾸이는 자는 잘 되나니 그 일을 공의로 하리로다(시 112 : 5).

주라 그리하면 너희에게 줄 것이니 곧 후히 되어 누르고 흔들어 넘치도록
하여 너희에게 안겨 주리라 너희의 헤아리는 그 헤아림으로 너희도 헤아림을
도로 받을 것이니라(눅 6:38).

하나님이 주시는 부는 세상이 주는 부와는 다릅니다. 세상 사람들은 가
지고 있는 재물을 다른 사람에게 나누어 주면 줄어든다고 생각합니다. 그
래서 부자가 되기 위해서는 아껴 쓰고 절약하고 인색한 구두쇠라는 소리
를 들을 정도로 냉정한 사람이 되어야 한다고 생각합니다. 그러나 하나님
이 주시는 부는 전혀 다른 것입니다. 하나님이 주시는 부를 나누어 주고
베풀어 주고 구제하는데 사용하면 하늘나라의 보화로 쌓여 30배, 60배,
100배로 불어나 다시 돌아옵니다. 물론 세상의 눈으로 보면 이해가 안 됩
니다. 믿음의 눈으로 이 사실을 알 수 있고 하나님의 살아계심과 당신의
자녀들을 보살펴 주신다고 확신을 가진 사람들만 알게 됩니다. 하나님은
당신의 재물을 관리할 자격이 있는 자의 성품 중에서 사랑을 가장 높이
평가합니다. 사랑이 적거나 부족하다고 생각되는 사람은 하나님의 부를
받을 자격이 없으므로 기도와 간구로써 그러한 성품이 주어지기를 요청
해야 합니다. 또 남을 배려하고 불쌍히 여겨 작은 것이라도 나누어주도록
애쓰고 노력할 때 사랑하는 마음이 생겨나는 것입니다.

정직

회사의 직원으로 들어가서 출장을 가거나 경비를 사용하고 경리과에 지출한 내역과 증명서를 제출하면 경리과에서 지불을 해 줍니다. 회사를 관리하는 데 사용되는 돈이기 때문입니다. 그런데 출장비를 더 높여서 청구하거나 거짓으로 작성해서 청구하다가 나중에 회사에서 이 사실을 알면 손해배상을 해 주어야 할 뿐 아니라 해고의 원인이 됩니다. 회사의 재산과 업무를 맡은 관리자에게는 정직함이 요구됩니다. 마찬가지로 하나님의 부를 맡은 관리자에게도 정직함이 요구됩니다. 자신에게 주어진 부가 자신의 것이 아니라 하나님으로부터 왔으며 하나님 뜻에 따라 사용되어야 하기 때문입니다.

> 공의로 세계를 심판하심이여 정직으로 만민에게 판단을 행하시리로다(시 9:8).

하나님은 공의와 정직으로 우주를 다스리시며 세상을 판단하십니다. 하나님의 자녀 된 우리도 그러한 성품을 본받기를 원합니다. 온갖 불의로 가득한 뇌물과 청탁을 받고, 거짓말과 속이는 것을 밥 먹듯이 하고 나라의 법을 어기는 부도덕한 사람은 하나님의 부를 얻을 수 없습니다. 재물뿐만 아니라 하나님의 징계를 받아 영혼이 파멸에 빠지는 화를 입게 될 것입니다.

> 스스로 속이지 말라 하나님은 만홀히 여김을 받지 아니하시나니 사람이 무엇으로 심든지 그대로 거두리라(갈 6:7).

절제

절제란 다른 말로 자기 훈련(self-control)입니다. 자기 자신을 선한 뜻에 맞추어 욕구를 억제하고 조심하여 방탕하지 않는 것을 말합니다. 특히 재정을 관리하는 데 이러한 성품은 아주 중요합니다. 관리자는 주인이 아니라 주인의 재산과 임무를 위임 받은 위치에 있는 사람이므로 임의대로 마음대로 재물을 사용하고 기분 내키는 대로 사용한다면 신실하게 재산을 유지할 수가 없을 겁니다. 특히, 현재 우리나라는 신용카드의 남발과 충동구매로 인한 과소비로 가구당 부채가 3,000만원이고 매달 수입의 25%를 빚을 갚는데 쓰며 신용불량자가 400만 명에 육박합니다. 4가구당 1가구 꼴로 악성부채를 짊어진 신용불량자의 수렁에 빠져 있습니다. 그러한 사람의 사정은 여러 가지가 있을 겁니다. 보증을 잘못 서거나, 사업에 실패하였거나, 투자에 실패했을지도 모릅니다. 그러나 대부분의 경우가 소비자 부채로 인한 결과입니다. 소비자 부채는 특별한 이유가 아니라 수입에 비해서 지출이 심해지다 보니 그것이 쌓여 신용카드로 빚을 내어 사용하는데서 시작합니다. 그러다보면 재정악화가 심해져서 또 다른 신용카드로 돌려막기를 반복하다가 악성부채의 수렁에 빠져 들게 된 것입니다. 즉 신용카드로 인한 충동구매와 과소비가 발단이 된 것입니다. 이러한 소비 성향의 문제는 자기 자신을 절제하지 못함에 있습니다. 요즈음 사람들은 전에 비해 자기 자신을 절제하는 성품이 결여되어 있는 듯합니다. 사고 싶은 것을 참지 못해서 빚을 내서라도 사야 하고, 먹고 싶을 것을 억제하지 못해서 비만한 사람들이 날로 늘어가고 있습니다. 그러므로 자기 자신을 훈련시켜 욕구를 절제하여 자족하는 성품을 길러야 합니다. 하나님의 부를 관리하는 사람은 이같은 성품이 필수적입니다. 자족하고 절제함 속에서도 만족함이 있고 기쁨이 있습니다. 자기 향락과 방탕한 삶은 그 당시에는 즐겁고 기쁜 것 같지만 나중에는 고통과 후회만이 남아 끊임없이 괴롭힘을 당할 것입니다.

인내

올림픽 경기에서 체중 제한이 있는 종목인 복싱이나 레슬링, 태권도와 같은 격투기 종목들은 체중과의 싸움이 가장 힘들다고 합니다. 평상시는 원하는 체중의 10kg까지 초과하다가 시합이 가까워지면 식단을 조절하고 먹는 것을 참고 격한 훈련으로 땀과 지방을 분해시켜 체중을 줄여야 합니다. 이것이 상대방과 직접 싸우는 것보다 더 힘들다고 말하는 선수들도 많습니다. 그리고 체중 조절에 실패하여 고대하던 시합에 나가지 못하는 경우도 생깁니다. 체중 조절에 성공하려면 인내심을 발휘해야 합니다.

> 게으르지 아니하고 믿음과 오래 참음으로 말미암아 약속들을 기업으로 받는 자들을 본받는 자 되게 하려는 것이니라(히 6:12).

재물에는 늘 사탄의 유혹이 따라오기 마련입니다. 사탄은 평생 쓸 돈을 주겠다고 속삭이면서 우리에게 은밀한 제안을 합니다. 보통 때는 이러한 제안을 거들떠보지도 않을 사람도 악성부채에 빠져 있거나 큰돈이 들어갈 처지에 있으면 울며 겨자 먹기로 악마와의 거래를 합니다. 국가정보원으로 있으면서 자기 나라의 정보를 적국에 팔아 먹는 사람이나 술과 도박으로 재산을 탕진하여 엄청난 빚에 시달리는 사람들에게 이 같은 제안은 쉽게 받아들여집니다. 그러나 결국 나라와 민족을 배반한 죄로 사형을 당하거나 종신형으로 인생을 끝마치게 됩니다. 이러한 유혹을 이기는 힘은 인내심입니다. 인내심이란 참고 견디는 성품을 말합니다. 아무리 어렵고 힘들더라도 참고 견디는 성품이 있어야 어떤 일도 거뜬히 해낼 수 있습니다. 세상이 점점 말세에 가까울수록 유혹의 강도도 세집니다. 그러다가 단 한 번의 실수로 하나님의 기대에 어긋난 후회 가득한 삶을 살아야 할지도 모릅니다. 참고 견디다 보면 달콤한 열매를 맛볼 날이 곧 다가올 것입니다.

겸손

겸손은 생각보다 갖기 어려운 성품입니다. 겸손이란 낮아지는 것을 말합니다. 예수님은 겸손의 표본이셨습니다. 그분의 겸손은 제자들의 발을 손수 씻어 주는 행위로 잘 알려져 있습니다. 하나님도 이런 모습을 통해서 우리에게 겸손할 것을 요구하십니다. 우리가 보통 사람으로 있을 때는 겸손한 성품을 갖는 것은 어렵지 않습니다. 그러나 재산이 많아지고 지위가 높아지면 수많은 사람들이 칭찬을 하고 높여줍니다. 그러면 자신도 모르게 교만해지고 목이 뻣뻣해집니다. 하나님은 교만한 사람을 무척이나 싫어하십니다. 잠언에 보면 교만한 사람은 패망의 선봉에 있다고 합니다. 교만해지는 순간부터 하나님께서 손을 떼시기 때문입니다.

겸손과 여호와를 경외함의 보응은 재물과 영광과 생명이니라(잠 22 : 4).

사울은 여호와로부터 이스라엘 초대 왕으로 선택되었을 때는 나귀 뒤에 숨을 정도로 겸손한 사람이었습니다. 그러나 왕이 되자 마음이 교만하여져 제사장이 할 일을 빼앗은 결과 결국 다윗에게 왕권을 넘겨 주고 세 아들과 함께 처참한 최후를 맞았습니다. 부자가 되기 전에는 겸손한 사람이었을지라도 큰 부자가 되면 쉽게 교만해집니다. 그러나 하나님의 사람은 겸손한 성품을 유지해야 합니다. 그 성품을 유지하기 위해서는 부자가 된 것은 자신의 능력이 아니라 하나님의 공급하심 때문이고, 그 재물은 자신의 것이 아니라 하나님의 관리자로 잠시 맡은 것에 불과하다는 사실을 늘 잊지 말아야 합니다.

충성

> 그 주인이 이르되 잘 하였도다 착하고 충성된 종아 네가 작은 일에 충성하였으매 내가 많은 것으로 네게 맡기리니 네 주인의 즐거움에 참예할찌어다 하고(마 25 : 21).

마태복음 25장에는 주인의 달란트를 받은 세 명의 종 이야기가 나옵니다. 위 말씀은 2달란트와 5달란트를 맡은 종이 주인의 뜻대로 열심히 장사해서 두 배로 불려서 나중에 주인이 그 결과를 알고 칭찬해 주는 말씀입니다. 주인은 다름 아닌 하나님이시고 종들은 하나님의 재산을 맡은 관리자입니다. 만일, 여러분이 하나님의 재물을 맡아 관리하는 종이 되길 원한다면 충성하는 성품을 꼭 가지고 있어야 합니다. 하나님의 재물에 충성하는 것은 하나님의 뜻대로 재물을 사용하는 것입니다. 아무리 달콤한 유혹이 와도 뿌리쳐야 하고 어렵고 힘든 시련이 닥쳐와도 포기하거나 게을리 해서는 안 됩니다. 한 달이나 두 달 같이 단기간에 끝나는 것이 아닙니다. 일단 맡으면 평생을 해야 하는 일입니다.

충성하는 사람은 하나님의 뜻을 잘 알아야 합니다. 하나님의 뜻을 잘 알기 위해서는 성경을 늘 읽고 묵상하여 재정에 대한 하나님이 말씀하신 의도를 잘 알고 기도와 간구로써 하나님이 원하시는 계획에 민감하게 행동해야 합니다. 하나님의 뜻만 알았다고 전부는 아닙니다. 하나님의 뜻대로 행동에 옮겨야 합니다. 행동에 옮기는 데는 뜻을 아는 것보다 훨씬 더 힘든 일이 생깁니다. 돈이 많다고 사람들의 칭찬과 덕담만을 듣는 것은 아닙니다. 선한 의도대로 돈이 사용되지 않을 때는 이전의 찬사들이 화살이 꽂힌 비난으로 되돌아 올 것입니다. 육체와 정신이 날마다 피곤에 지치고, 방해하는 사람들의 비난을 감수해야 하지만 아무도 알아주지 않는 외롭고 쓸쓸한 길을 걸어가야 할지도 모릅니다. 그러나 이 일을 충성스럽게 마치면 하나님의 칭찬과 천국에서의 상급이 그 동안의 노고를 무색하게 만들 것이고 두고두고 참 잘했다는 자부심이 가슴 뿌듯하게 새겨질 것입니다.

열째 비밀

마지막 하나님과의 관계이다

이제 이 책의 마지막 장이자 가장 중요한 비밀을 말씀드리려고 합니다. 그것은 바로 하나님과의 관계입니다. 우리가 이 세상에 태어나면 사람들과 관계를 맺고 살아가듯이 예수님을 통해 하나님을 알게 되면 하나님과도 관계를 맺고 살아갈 수밖에 없습니다. 그 관계는 깊을 수도 얕을 수도 있습니다. 신앙생활을 하는 대부분의 사람들은 하나님과의 깊은 관계를 맺고 싶어 하지만 생각에 그치는 사람도 많이 있습니다. 그렇다면 재정에 관한 소망을 이루는 것도 하나님과의 밀접한 관계 속에서 이루어진다는 것은 당연한 일일 것입니다. 그러므로 이 장에서는 하나님과 깊은 관계를 맺는 것이 재정적인 풍성함을 누리는 것과 어떤 영향이 있는지 알아보기로 하겠습니다.

하나님의 비서

　지위가 높은 사람을 만나는 것은 어렵습니다. 아무 약속 없이 찾아 가면 문전에서 박대당하기가 일쑤입니다. 그래서 사전에 용건을 말하고 약속 시간이 정해지는 것을 기다렸다가 정해진 시간에 만나야 합니다. 용건을 말하고 허락을 얻고 시간 약속을 정하는 일은 주로 비서들이 합니다. 국어사전을 찾아보면 비서란 회장이나 장관 등 높은 사람 등에 직속하여 기밀문서나 용무를 맡아보는 사람이라고 되어 있습니다. 높은 사람의 일정이나 기밀문서를 취급하는 것은 아무나 하는 것이 아니라 그 높은 사람과 가장 밀접한 관계를 맺고 있는 사람일 겁니다. 그래서 비서는 상관의 공적인 일뿐만 아니라 사적인 일도 훤히 알기 때문에 상관의 일에 대한 운명도 같이 지게 됩니다.

　네 보물이 있는 그 곳에는 네 마음도 있느니라(마 6 : 21).

　재물은 누구나 갖고 싶어 하는 보물입니다. 상관이 가장 귀중하게 여기는 것도 보물입니다. 대개 상관들은 가장 가깝고 믿을 만한 사람을 비서로 임명하고 자신의 보물을 맡겨 놓을 것입니다. 그렇다면 하나님의 보물을 맡을 사람은 어떤 사람이겠습니까? 당연히 가장 가깝고 신뢰할 만하며 깊은 관계를 맺고 있는 사람일 것입니다. 하나님과 깊은 관계를 맺지 못하는 사람은 하나님께 간청하고 기도하더라도 그 소리는 메아리가 되어 돌아올 것입니다.

하나님 마음에 쏙 드는 사람

하나님 마음에 합한 자와 동행하는 자를 하나님은 가장 흡족하게 여기십니다. 그래서 늘 하나님은 그와 동행하시며 곁을 떠나지 않고 계십니다.

> 에녹이 하나님과 동행하더니 하나님이 그를 데려 가시므로 세상에 있지 아니하였더라 (창 5 : 24).

에녹이 어떤 사람인지 구체적인 행적이 성경에 나와 있지는 않습니다. 그가 조상의 어느 위치에 있는지 몇 년의 나이로 살았는지에 대한 짤막한 언급만이 있을 뿐입니다. 그러나 에녹이 하나님과 동행하여서 하나님과 같이 살다가 사라졌다고 표현되어 있는 것이 참 신비롭습니다. 간결한 언급이었지만 그는 하나님과 깊은 관계를 맺고 살면서 친밀한 교제를 나누다가 하나님께서 친히 데려가셨다는 말씀입니다. 얼마나 깊은 교제를 하였는지는 잘 몰라도 하나님께서는 그와 평생을 같이 하길 원하셨고 결국 하늘나라로 데려 가셨습니다.

> 내가 네게 큰 복을 주고 네 씨로 크게 성하여 하늘의 별과 같고 바닷가의 모래와 같게 하리니 네 씨가 그 대적의 문을 얻으리라(창 22 : 17).

믿음의 조상 아브라함은 하나님으로부터 복을 받아 온 민족의 조상이 되었습니다. 하나님께서 그에게 베푸신 복은 헤아릴 수가 없는데, 그가 100세 되던 해에 아들과 큰 재산을 주셔서 복의 근원이 되게 해 주셨습니다. 아브라함을 복이 내려오는 통로로 삼으실 정도니 하나님께서 아브라함을 얼마나 기쁘게 여기셨는지 잘 알 수 있습니다. 하나님께 대한 그의 믿음 또한 훌륭했습니다. 100세에 낳은 아들을 죽여서 제물로 드리라는 잔인하고 비이성적인 하나님의 명령에도 불평 한마디 없이 그 명령을 집행하여 하나님을 만족시켰던 인물입니다. 그가 일생 동안 하나님과 어떤 관계를 맺고 살았는지는 이 사건 한 가지를 보아도 미루어 짐작할 수 있습니다.

폐하시고 다윗을 왕으로 세우시고 증거하여 가라사대 내가 이새의 아들 다윗을 만나니 내 마음에 합한 사람이라 내 뜻을 다 이루게 하리라 하시더니 (행 13:22).

다윗은 지금도 이스라엘 사람들이 가장 존경하는 인물이며 자랑스러운 조상입니다. 크리스마스트리 위에 다는 반짝이는 큰 별의 이름이 다윗의 별이라고 칭할 정도입니다. 하나님께서 직접 다윗이 마음에 흡족하다고 친히 고백하셨습니다. 우리아의 아내인 밧세바와의 범죄 사건만 제외하면 흠잡을 데 없는 믿음의 조상이었습니다. 그가 하나님을 얼마나 정성스럽게 섬기고 기쁘게 여겼는지 언약궤가 이스라엘로 다시 돌아올 때 왕의 체통도 잊은 채 옷이 벗겨지는지도 모르고 열광적으로 춤을 출 정도라고 성경을 말하고 있습니다. 그래서 하나님은 그를 이스라엘의 두 번째 왕으로 세우시고 그를 통해서 이스라엘 왕들의 가문을 만들어 주셨습니다. 위에서 언급한 성경의 위인들은 하나님과의 깊고 친밀한 관계로 유명한 사람들이 되었으며 그 결과 하나님의 큰 복을 받아 하나님이 계획하신 큰 줄기를 맡는 영광을 얻었습니다. 살아서는 엄청난 명예와 권력과 부를 누렸고, 천국에 가서도 하나님의 가장 가까운 자리에서 다스리는 영광을 얻었을 것입니다.

1. 하나님께 요청한 것을 이웃에게 베푸는 사람

> 구하라 그러면 너희에게 주실 것이요 찾으라 그러면 찾을 것이요 문을 두드리라 그러면 너희에게 열릴 것이니 구하는 이마다 얻을 것이요 찾는 이가 찾을 것이요 두드리는 이에게 열릴 것이니라 너희 중에 누가 아들이 떡을 달라 하면 돌을 주며 생선을 달라 하면 뱀을 줄 사람이 있겠느냐 너희가 악한 자라도 좋은 것으로 자식에게 줄줄 알거든 하물며 하늘에 계신 너희 아버지께서 구하는 자에게 좋은 것으로 주시지 않겠느냐 그러므로 무엇이든지 남에게 대접을 받고자 하는대로 너희도 남을 대접하라 이것이 율법이요 선지자니라(마 7:7~12).

이 말씀은 황금률이라 알려진 유명한 말씀과 같이 있는 구절입니다. 하나님은 구하는 자에게는 무엇이든 주신다고 3번이나 강조하셨습니다. 대신 대접을 받고자 하는 대로 이웃을 대접하라고 하십니다. 하나님께 기도하는 것은 우리가 받고자 하는 소원을 말합니다. 용서나 재물 등 무엇을 얻더라도 먼저 이웃에게 대접하기를 요청하셨습니다. 재물이 있으면 나누어주고 이웃이 나에 대한 허물과 잘못이 있더라도 흔쾌히 용서해 주라고 하십니다. 그런 뒤에야 하나님께 무엇을 구해도 다 주시겠다고 하십니다. 하나님께 요청하고 간구하기 전에 이웃에게 먼저 원하는 것을 베푸는 사람의 소원을 들어 주십니다. 이런 사람이 하나님과 깊은 관계를 맺고 동행하는 삶을 살아갈 수 있으며 하나님의 재물을 관리할 수 있는 자격을 얻을 수 있습니다.

하나님은 사랑으로 가득한 분입니다. 그래서 우리에게 자신을 사랑하듯 이웃들을 사랑하라고 하십니다. 하나님을 잘 섬기고, 정성껏 예배하고, 십일조도 정확하게 드리는 것처럼 이웃에게도 그만한 사랑과 자비를 베풀어야 합니다. 이런 하나님의 뜻을 잘 헤아려서 실천하면 무엇을 기도해도 다 응답 받는 사람이 될 수 있습니다.

2. 하나님 뜻대로 기도하는 사람

> 너희가 욕심을 내어도 얻지 못하고 살인하며 시기하여도 능히 취하지 못하나니 너희가 다투고 싸우는도다 너희가 얻지 못함은 구하지 아니함이요 구하여도 받지 못함은 정욕으로 쓰려고 잘못 구함이니라 (약 4 : 2~3).

복음성가 중에 '기도할 수 있는데 왜 걱정하십니까?' 라는 곡이 있습니다. 즉 우리가 원하고 필요한 것이 있을 때 세상의 주인이신 하나님께 기도하고 요청하면 다 들어 주신다는 것입니다. 그런 전지전능한 아버지가 있는데도 기도하기보다는 인간의 노력과 지식과 경험을 토대로 문제를 해결하려고 합니다. 그러다가 실패하고 좌절하고 낙담 합니다. 악성부채의 수렁에 빠진 사람들도 자신의 능력을 보고서 포기하지 말고, 하나님의 손길을 바라는 절호의 기회로 삼아야 합니다. 가장 힘든 때가 하나님을 만날 수 있는 최고 기회의 때입니다. 그래서 야고보사도는 시험이 오면 즐거워하라고까지 말씀하셨던 것입니다. 그러나 자신의 욕심과 탐욕을 위한 기도는 하나님의 도움을 얻을 수가 없습니다. 그래서 로또 복권의 당첨 같은 것을 위한 기도는 응답이 없는 것입니다. 그러나 하나님 나라의 확장을 위해 간구하는 것은 하나님의 뜻에 따른 것이기 때문에 다 응답해 주십니다. 물론 우리가 원하는 때에 응답이 오지 않을 수도 있습니다. 그러나 하나님은 우리에게 최고의 때에 최고의 선물을 주시기를 원합니다.

하나님은 자녀인 우리가 무엇을 구하든지 주기를 원하십니다. 그러나 자녀가 하나님 아버지의 뜻을 찾아 필요한 것을 구하는 것이 아니라면 침묵하실 것입니다. 그러므로 전지전능하신 하나님을 믿음의 눈으로 바라보고 간절하게 기도하는 사람은 당연히 하나님과 깊은 관계를 맺게 되고 하나님의 뜻을 잘 알게 됩니다. 성경에 하나님의 뜻은 조목조목 기록되어 있습니다. 성경을 읽을 때는 정확하게 문맥을 파악하고 각 구절들이 성경 전체와 어떤 조화를 이루는지 알아야 합니다. 그러기 위해서는 성경 사전이나 전문가의 주석 등 참고서적도 이용하여야 합니다. 성경에 있다고 해서 일부분만 암송하고 그것을 전체 뜻으로 확대 해석한다면 여호와의 증인처럼 자의적으로 해석하거나 왜곡하는 등 하나님의 뜻과 전혀 상관없는 해석을 하게 되기도 합니다. 성경의 뜻을 알기 위해선 성경을 깊게 읽으면서 묵상하거나 기도하여 성령님의 도움을 받아야 합니다.

3. 하나님이 기뻐하시는 것을 행하는 사람

사랑하는 자들아 만일 우리 마음이 우리를 책망할 것이 없으면 하나님 앞에서 담대함을 얻고 무엇이든지 구하는 바를 그에게 받나니 이는 우리가 그의 계명들을 지키고 그 앞에서 기뻐하시는 것을 행함이라(요일 3 : 21~22).

요한 서신에 보면 하나님께 구한 것을 받기 위해선 먼저 책망할 것이 없는 사람이 되어야 한다고 말씀하십니다. 하나님께서 책망하시는 것은 그분이 싫어하시고 하지 말라고 명령하신 것입니다. 그래야만 담대하게 하나님께 기도할 수 있는 자부심을 가지게 되고 하나님과 깊은 교제를 나누면서 친밀한 관계를 유지하게 됩니다. 친밀한 부모 형제들에게 어려운 일이 생기면 먼저 부탁하는 것처럼 우리도 이같이 담대한 마음으로 하나님께 요청할 수 있게 되는 것입니다. 사랑하는 사람이 생기면 서로가 좋아하는 것을 해주기를 기뻐합니다. 그래서 사랑하는 사람이 좋아하는 것이 무엇인지, 무슨 음식을 잘 먹는지 등에 대해 알려고 합니다. 하나님과 깊은 사이인 사람은 당연히 하나님께서 기뻐하시는 것을 하는 사람입니다. 그래서 하나님께서 무엇을 기뻐하시는지 알려고 하며 그것을 실천에 옮기기 위해 노력하는 사람이 됩니다. 하나님께서 기뻐하시는 것은 그의 명령을 기꺼이 지키고 순종하는 사람입니다.

4. 하나님 안에 거하는 사람

너희가 내 안에 거하고 내 말이 너희 안에 거하면 무엇이든지 원하는대로 구하라 그리하면 이루리라(요 15 : 7).

무엇이든지 구하는 대로 받는 사람이 여기 또 있습니다. 바로 하나님과 동거하는 사람입니다. 날마다 그분과 대화를 나누고 그분의 뜻을 묻고 그분의 뜻대로 행동하는 것을 즐기는 사람입니다. 그러나 이렇게 사는 것이 무척 어렵고 아무나 하는 것이 아니라고 생각하는 사람들도 종종 있습니다.

귀신들린 사람은 귀신이 그 사람 안에서 살고 있습니다. 귀신이 명령하고 시키는 대로 생각하고 행동합니다. 그래서 음란한 것을 좋아하는 귀신이 들어오면 그 사람은 옷을 벗고 음란한 행동을 자주 합니다. 포악한 귀신이 들어 있으면 난폭해지고 사람들과 싸우는 것을 즐겨합니다. 귀신들린 사람은 귀신과 동거하는 사람을 말합니다. 이처럼 하나님과 동거하는 사람은 그 사람이 하는 말과 행동하는 것을 보면 알 수 있습니다. 당연히 하나님께서 좋아하시는 행동을 즐겨하게 됩니다. 그리하면 하나님께서 그가 구하는 모든 것을 다 들어 주실 것입니다. 그와 같이 살면서 같이 먹고, 같이 자고, 같이 회사에 가고, 같이 친구도 만납니다. 한 가족보다 더 친밀한 사이가 되고 깊은 교제를 나누게 됩니다. 하나님은 우리와 이런 사이가 되기를 원하십니다. 그분은 우리가 마음의 문을 열어 주고 우리가 당신을 초대하기를 항상 바라고 계십니다.

지금까지 하나님께서 구하는 대로 다 주시기를 기뻐하시는 사람을 살펴보았습니다. 그들은 하나님 뜻대로 기도하고 하나님이 기뻐하시는 행위를 즐겨하며 이웃들에게 선행을 베풀고 늘 하나님을 모시며 살아가는 사람입니다. 이런 사람은 하나님께서 가지고 계신 모든 것을 다 주실 것이며 이 세상에서 최고의 삶을 살아가는 사람이 될 것입니다.

하나님과 깊은 관계를 유지하려면

하나님을 만난 체험이 있는 사람들은 하나님이 어떤 분이시라는 것을 잘 알고 있습니다. 하나님은 이 세상 재물의 주인이십니다. 세상을 처음 지으시고 세상의 문을 닫으실 분이 하나님이라는 것도 잘 알고 있습니다. 그분과 깊은 관계를 맺고 살아가는 것이 얼마나 기쁘고 즐거운 경험인지도 잘 알고 있습니다. 그러나 알고 있는 것만큼 실행에 옮기는 사람은 적습니다. 그것은 쉽지 않은 일이기 때문입니다. 뼈를 깎는 인내와 고통을 요구하는 일이기 때문입니다. 그러나 생명으로 인도하는 문이 좁아서 가는 사람이 적은 것처럼 하나님과 깊은 관계를 유지하며 그분의 재물을 관리하는 사람도 적습니다. 그럼 어떻게 해야 우리도 믿음의 선배들처럼 하나님과 깊은 관계를 유지할 수 있는지 알아보겠습니다.

1. 하나님의 말씀 읽기와 묵상하기

하나님은 자신의 뜻을 성경에 옮겨 놓았습니다. 성경은 책이 사람들에게 읽히기 시작한 이후 최고의 베스트셀러였고 앞으로 지구가 종말이 맞을 때까지도 그럴 것입니다. 그것은 진리의 말씀이고 하나님의 말씀이기 때문입니다. 요즘 나오는 성경들은 가죽 장정으로 표지를 엮어서 금박으로 제목을 달고 질 좋은 종이로 만들어졌습니다. 읽는 것이 싫증 나면 목소리 좋은 성우의 음성으로 들을 수 있고 인터넷에서도 찾아볼 수도 있습니다. 한때는 성경이 라틴어로 되어 있어서 일반인은 읽을 수도 없는 시절이 있었고, 성경을 읽으면 박해를 받고 죽음을 당했던 시대도 있었습니다. 지금만큼이나 자유롭게 성경을 읽을 수 있는 시대는 없었을 것입니다. 그러나 아이러니하게도 성경은 점점 외면당하고 있습니다.

> 주 여호와께서 가라사대 보라 날이 이를지라 내가 기근을 땅에 보내리니 양식이 없어 주림이 아니며 물이 없어 갈함이 아니요 여호와의 말씀을 듣지 못한 기갈이라(암 8:11).

세상 사람들은 성경이 주는 진리의 양식을 찾기보다 돈과 쾌락을 좇아 떠나고 있습니다. 그래서 세상은 점점 더 살기가 어려워지고 공허해지며 빛을 잃어가고 있습니다. 말씀이 소외당하고 있는 이 시대의 영혼들은 말라 죽어가고 있습니다. 돈을 찾아 떠난 사람들은 사탄의 덫에 걸려 악성부채의 멍에를 지고 희망을 잃고 생명이 끝날 날만 손꼽아 기다리고 있습니다. 하나님의 말씀에 불순종한 까닭입니다.

모든 성경은 하나님의 감동으로 된 것으로 교훈과 책망과 바르게 함과 의로 교육하기에 유익하니(딤후 3 : 16).

하나님과 깊은 관계를 맺는 사람들은 하나님의 뜻을 찾기에 갈급합니다. 성경은 하나님 자녀로 합당하게 살아가기 위한 훈련 교재이기 때문입니다. 그러나 단지 성경의 지식을 아는 것만으로는 수박의 겉핥기와 마찬가지입니다. 하나님을 믿지 않는 사람들도 성경 내용을 해박하게 알 수 있습니다. 지식을 많이 아는 것과 영성과는 별개입니다. 성경 말씀은 믿음의 눈으로 보아야 합니다. 믿음으로 기도하며 성령님의 지혜와 그의 뜻을 깊이 묵상하여야 합니다.

특히 악성부채로 신음하며 하나님의 기적적인 도움의 손길이 긴급한 사람들은 부요에 대한 성경 말씀을 매일 읽고 묵상하여 말씀이 그 사람 속에서 살아 움직여야 합니다. 시시때때로 암기하고 묵상하여야 합니다. 하나님의 말씀은 지식의 이해에 있지 않습니다. 하나님의 말씀은 놀라운 능력이 있어 병자를 치유하고, 귀신을 쫓아내며, 죽은 자를 살리기도 합니다. 악성부채를 해결하는 것은 다른 능력에 비유하면 쉬운 것입니다. 그러므로 그 말씀이 내 안에서 일할 수 있도록 마음속에 새겨야 합니다. 그러면 악성부채를 가져다 주는 사탄의 영향력이 약해져서 불안과 의심,

두려움이 없어지게 되며 기쁨과 평안이 찾아오게 됩니다. 마음이 그런 평안한 상태가 되어야 하나님께서 일을 하시기 시작합니다. 그런 상태가 될 때까지 사탄은 시간을 오래 걸리게 하거나 집중력을 잃고 의심과 걱정 등의 잡념으로 인해 머릿속에 하나님이 말씀이 들어오지 못하게 방해합니다. 그럴 때일수록 사탄을 쫓아내어 인내심을 가지고 성령님의 도우심을 간구하며 견뎌내야 합니다. 그런 시간을 견디고 나면 기적적인 하나님의 도우심과 해결하심을 경험하게 될 것입니다.

하나님의 재물을 맡은 재정 관리자로서의 큰 뜻을 품은 사람들은 재정에 대한 하나님의 말씀을 잘 알아야 합니다. 성경은 금전과 재정에 대한 구절이 2,000개가 넘고 예수님의 38개 비유 가운데 재물에 대한 것이 16개나 됩니다. 그만큼 돈은 항상 사람들의 이목을 끌기 때문입니다. 그렇기 때문에 성경의 내용도 알아야 하지만 묵상으로 깊은 뜻을 깨달아야 합니다. 그렇지 않으면 하나님의 뜻을 오해하거나 곡해하여 다른 방향으로 나가는 안타까운 일이 생기기도 합니다. 하나님은 질서의 하나님이시고 재정의 자격은 엄격한 수준을 요합니다. 항상 위험하고 사탄의 유혹이 어른거리기 일이기 때문입니다. 마음속에 깊이 새기기까지 성경을 읽고 묵상하는 습관을 들여야 합니다. 새벽에 일찍 일어나 구약과 신약을 섞어서 읽어야 할 장수를 정해서 읽어가며 노트에 중요한 구절을 적어서 묵상하는 습관을 가져야 합니다. 이런 세월이 쌓이면 하나님의 뜻이 마음에 아로새겨져 어떤 사악한 생각이나 사상이 들어와도 말씀으로 물리치고 흔들리지 않게 됩니다.

2. 기도하기

사랑하는 연인들은 날마다 대화하기를 원합니다. 그래서 아무리 멀리 있어도 편지와 전화로 서로에 대해 이야기합니다. 제가 아는 사람은 미국에 가 있었는데 그가 연애할 기간 동안 날마다 전화를 해서 전화비가 수십만 원씩 나오는 것은 보통이었다고 합니다. 특별히 할 이야기가 있는 것도 아닙니다. 그냥 목소리만 들어도 좋은 것입니다.

하나님과 깊은 교제를 나누고 친밀한 관계를 갖는 것도 이와 같습니다. 어떤 사람들은 새벽기도의 은혜를 말합니다. 금식기도를 통해서 영적으로 깨달음을 얻고 기도 응답을 받았다는 사람들도 많습니다. 이렇게 특별한 기간과 정해진 시간에 기도하는 것이 중요합니다. 이런 특별한 시간에 방해받지 않고 하나님을 만나 깊은 대화를 나눌 수 있습니다. 그러나 더욱 중요한 것은 하루 온종일 하나님과 대화하는 것입니다. 순간순간마다 하나님을 느끼며 대화하고 그분의 이야기를 듣는 것입니다. 기도란 하나님께 요청하고 간구하는 것만이 아닙니다. 기도란 하나님과 대화하는 모든 것입니다. 기도하는 시간을 통하여 잘못한 것을 고백하고, 하나님을 찬양하며, 나에게 해 주신 것들을 감사하고, 다른 사람들을 위해 간절히 구하고, 하나님의 응답을 듣는 것까지를 말합니다. 그분의 뜻을 깨닫고 감사하며 기뻐하는 것 자체가 기도입니다.

> 항상 기뻐하라 쉬지 말고 기도하라 범사에 감사하라 이는 그리스도 예수 안에서 너희를 향하신 하나님의 뜻이니라(살전 5 : 16~18).

성경은 쉬지 말고 기도할 것을 명령합니다. 쉬지 말고 기도하라는 것은 깨어 있는 시간에 하나님과 대화하는 것을 습관으로 삼는 것을 말합니다. 일을 하거나 공부를 하거나 다른 사람과 대화를 하고 있을 때에는 하나님과 집중적으로 대화를 나누기가 어려울 것입니다. 그러나 출퇴근을 하는 시간이나 잠시 쉬는 시간, 운전하는 시간, 누군가를 기다리는 시간 등 하루에도 여러 번 혼자 있는 시간이 있습니다. 이런 시간에는 어김없이 하나님과의 대화를 통해서 교제를 나눠야 합니다. 하나님은 그분의 자녀가 자신에게 찾아오길 기다리십니다. 처음에는 이런 시간을 갖는 것이 쉽지 않습니다. 습관이 되지 않아서입니다. 그러나 습관을 들이기 위해서는 끊임없이 시도하고 애쓰고 노력해야 합니다. 좋은 습관은 쉽게 들여지지 않습니다. 기도를 통해 평안한 마음과 기쁨과 즐거움을 경험하기도 합니다. 처음에 의무감으로 기도를 반복하는 것은 괴로운 노동입니다. 제대로 하지 못했을 때는 죄책감으로 자신을 질책하기도 합니다. 그러나 이런 시행착오를 거쳐야만 기도의 고수가 될 수 있습니다. 기도는 평생의 삶을 운명 짓습니다.

> 사랑하는 자여 네 영혼이 잘 됨같이 네가 범사에 잘 되고 강건하기를 내가
> 간구하노라(요삼 1:2).

하나님은 우리의 영혼뿐 아니라 모든 것이 강건하길 원하십니다. 그것이 하나님의 뜻입니다. 그러나 하나님은 모든 일을 공의로 처리하시기 때문에 자신이 성경에서 밝힌 원칙대로 적용하십니다. 그러므로 하나님의 자녀로 재물을 맡아 관리하는 충성스러운 관리자로서 살아가려면 이 원칙을 잘 깨달아 마음에 새겨 평생의 좌우명으로 삼아야 합니다.

3. 하나님의 뜻대로 행동하기

주변을 둘러보면 신실한 믿음의 선배들을 적지 않게 볼 수 있습니다.

성경 말씀을 얼마나 열심히 읽었는지 그들의 해박한 지식을 통해 잘 알수 있습니다. 그리고 기도도 열심히 합니다. 그동안 숱하게 해왔던 금식기도며 새벽기도에 빠지지 않고 수십 년을 변함없이 신앙생활을 해왔다는 이야기를 들으면 숙연해지기조차 합니다.

> 가라사대 여호와께서 이르시기를 내가 나를 가리켜 맹세하노니 네가 이같이 행하여 네 아들 네 독자를 아끼지 아니하였은즉 내가 네게 큰 복을 주고 네씨로 크게 성하여 하늘의 별과 같고 바닷가의 모래와 같게 하리니 네 씨가 그 대적의 문을 얻으리라 (창 22 : 16~17).

우리는 아브라함을 믿음의 조상이라고 알고 있습니다. 아브라함은 모세의 율법이 있기 400년 전의 인물이었으므로 성경이 없던 시절의 인물이었습니다. 아브라함은 가는 곳마다 제단을 쌓고 번제를 드렸다고 성경에 언급하고 있지만 그가 하나님께 열심히 기도하였다는 기록은 찾기가 어렵습니다. 아브라함이 하나님의 축복을 받고 전 인류의 조상이 된 이유는 그 아들 이삭을 번제로 드린 행위 때문입니다. 아브라함은 노년에 겨우 얻은 아들을 무척이나 기뻐했을 것입니다. 아마 눈에 넣어도 아프지 않을 정도로 자식을 사랑했을 것입니다. 그런 아브라함에게 하나님은 아들 이삭을 죽여 제물을 삼으라는 청천벽력 같은 명령을 하십니다. 그 명령을 듣자마자 고민도 하지 않고 이틀을 걸어서 하나님이 명령하신 곳으로 나귀를 타고 갑니다. 이틀 동안 아브라함의 머릿속에는 많은 번뇌와 고민이 가득 차 있었을 것입니다. 그러나 그는 주저하지 않고 그 일을 행하여 하나님의 혹독한 시험을 통과합니다. 이는 자신의 믿음을 행동으로 옮기는 것을 보여주는 신앙의 모범 답안입니다. 하나님은 이러한 자녀를 기뻐하십니다.

> 영혼 없는 몸이 죽은 것 같이 행함이 없는 믿음은 죽은 것이니라(약 2 : 26).

그래서 성경은 행하지 않는 믿음은 죽어있는 믿음이라고 질책하십니다. 하나님과 깊은 관계를 갖고 동행하는 축복을 얻기 위해서는 하나님의 뜻을 잘 살펴야 합니다. 날마다 말씀을 읽고 묵상해야 합니다. 또한 기도와 간구로 그분과 친밀한 관계를 나누어야 할 뿐만 아니라 하나님의 자녀로서 믿음을 행동으로 보여 드려야 합니다. 아무리 하나님을 사랑하고 기뻐한다고 말한다 해도 실제적으로 아무런 행동을 하지 않는 것은 아무 의미가 없습니다. 믿음을 하나님께 담대히 행동으로 보여주는 사람 마음의 중심을 통해 하나님은 진정으로 기뻐하시고 축복하십니다.

하나님의 재정을 맡은 자와 하나님과의 관계

이제까지 우리는 주인의 재물을 맡는 자는 주인과의 관계가 친밀하며 주인의 뜻을 잘 헤아려 행동하는 사람이라는 것을 살펴보았습니다. 또한 하나님으로부터 기도 응답을 받기 위해서는 무엇이 필요한지도 알아보았습니다. 하나님과 동행하는 사람이 하나님의 재물을 맡아 관리할 수 있습니다. 그런 사람만이 하나님의 재물을 맡아서 하나님의 뜻대로 사용할 수 있는 능력을 갖게 됩니다. 하나님께서도 그런 사람을 찾고 계십니다. 그러나 그런 사람은 찾기가 쉽지 않습니다.

많은 사람들이 눈물을 흘리며 금식하고 새벽마다 밤을 지새우며 기도

하면서 하나님께 부자가 되게 해달라고 요청하고 있습니다. 우리나라 사람들처럼 열심히 기도하는 민족도 드물 것입니다. 특별 새벽기도와 금요 철야기도회가 열리는 날에는 전국 방방곡곡의 기도원에서 금식하며 열심히 기도하는 나라가 우리나라입니다. 그러나 우리나라 성도나 교회는 교회를 높이 세우고 교세를 자랑하는 데에는 하나님의 돈을 열심히 사용하지만 선교나 이웃을 도와주는 데에는 인색합니다. 교인들은 재정적으로 부유해졌지만 유산을 선교에 쾌척하는 사람은 찾아보기가 쉽지 않습니다. 하나님의 돈이 하나님의 뜻에 의해서 사용되지 않는 것입니다. 그래서 안타깝게도 믿음이 좋은 크리스천 중에 하나님의 재물을 받았다는 사람들이 드물고 관리하는 사람을 찾기는 더더욱 어렵습니다.

그래도 하나님은 여전히 그런 사람을 찾고 계십니다. 세상을 만든 이가 하나님이시고 이 세상 모든 재물의 주인이 하나님이기 때문입니다. 그렇지만 우리나라에는 그 재물을 맡아서 관리할 사람이 부족합니다. 하나님과 그의 뜻을 제대로 실천하지 않기 때문입니다. 하나님과 깊은 관계를 나누는 사람이 드물기 때문입니다. 지금은 재물에 대한 하나님의 뜻을 잘 살펴서 충성스럽게 사용할 수 있는 사람이 더욱 필요한 때입니다. 우리는 돈이 우상이 되고 교회의 많은 사람들을 재물로 유혹하여 자신들의 노예로 만들기 위하여 혈안이 된 사탄이 들끓는 시대에 살고 있습니다. 다시 하나님께 돌아가야 합니다. 하나님은 지금도 그런 자격을 갖춘 사람을 기다리고 계십니다.

글을 마치며

대답하여 가라사대 천국의 비밀을 아는 것이 너희에게는 허락되었으나 저희에게는 아니되었나니 무릇 있는 자는 받아 넉넉하게 되되 무릇 없는 자는 그 있는 것도 빼앗기리라(마 13 : 11~12).

제목을 어떻게 정할까 고민하던 중 천국의 비밀이라는 말에 영감을 받았습니다. 하나님께서는 천국에 들어가는 비밀을 감추어 두셨습니다. 그래서 예수님도 하나님 나라의 복음을 비유로 말씀하셔서 들을 귀 있는 택자만 깨닫게 하셨습니다.

비밀은 누구나 아는 것이 아닙니다. 비밀의 귀함을 알고자 애쓰고 노력하는 자에게만 그 앎의 기회가 주어집니다. 이 비밀을 아는 자는 하나님께 넉넉하게 받아서 풍요로운 삶을 살 수 있지만 비밀을 모르는 자는 있는 것마저 빼앗기고 고통 가운데 빈궁한 삶을 살아가야 할 것입니다.

특별히 하나님의 재물을 받아서 하나님 나라를 확장하고자 소원하는 사람들은 이러한 비밀을 잘 깨닫고 살펴서 마음에 새겨 일생의 목표로 삼고 살아가야 할 것입니다. 지금 우리나라는 선진국의 대열에 들어가 OECD회원국이 되었고 소득이 일만 달러를 넘어서 이제 이만 달러의 시대로 가고 있습니다. 그러나 우리나라의 가구당 부채는 약 3,000만 원이고 400만 명을 육박하는 신용불량자들이 악성부채의 수렁에서 신음하고 있습니다. 수많은 교회들의 재정이 어려워 문을 닫고 선교를 지향하는 기관들이 부족한 재정으로 혹독한 시기를 보내고 있습니다. 하나님은 세상 재물을 모두 가지신 분인데 그분의 자녀들이 왜 이렇게 안타까운 처지를 감내해야 하는지 이해하지 못할 때도 많이 있습니다. 시간이 지날수록 사람들은 돈을 우상으로 삼고 돈을 찾아서 목숨까지 바칠지도 모릅니다. 하나님도 이같은 사정을 아시고 정신을 차려 사탄의 유혹과 공격에 대비하여 준비하라는 뜻으로 이 책을 펴게 해주신 줄도 믿습니다. 하나님의 자녀부터 마음을 새롭게 하여 하나님께 돌아와야 합니다.

이 책을 쓰는 동안 극도의 집중력으로 인해 스트레스에 시달렸으나 중간 중간 기쁨과 평안을 주시고 귀중한 책임을 깨닫게 해주신 하나님께 모든 영광을 돌립니다.

태평동 서재에서

신상래 올림

부록

　21세기 사람들의 최고 관심사는 돈이라는 데는 이견이 없습니다. 그럼에도 불구하고 지금 우리나라는 400만 명의 신용불량자(4가구당 1가구)와 가구당 평균 3,000만 원의 부채가 있으며 3가구당 1가구가 빚을 내어 살림을 꾸려 나가고 있으며, 2,30대 자살의 가장 큰 원인이 악성부채입니다. 온 나라가 총체적으로 극한 가난 앞에 놓여 있는 셈입니다. 크리스천도 예외는 아닙니다. 그러나 심각한 것은 앞으로 이러한 현상이 더 악화될 것이라는 것입니다. 그 원인은 돈 관리의 실패입니다. 그러나 우리를 더욱 답답한 것은 돈 관리를 가르치는 곳이 학교나, 가정, 교회, 사회 어느 곳에서든 찾아보기 힘들다는 것입니다.

　그러나 다행스럽게도, 예수님은 가난한 자에게 복음을 전하기 위하여 이 땅에 오셨고, 그가 스스로 가난하게 되심은 우리로 하여금 부요케 하기 위함이라고 성경은 말씀하고 계십니다. 그러므로 이 문제에 대한 해결책은 하나님께 있습니다. 그런데 안타깝게도 돈에 대한 하나님의 뜻과 실생활에 구체적으로 적용되는 원칙과 지혜를 모르기 때문에 여전히 어려움 속에 있는 성도들이 의외로 많습니다. 그래서 제가 오랫동안 성경을 묵상하고 기도하고 상담하면서 깨달은 재정문제 해결에 대한 하나님의 비밀을 세미나, 크리스천 재정관리 교육 프로그램, 하나님의 재정 관리자 육성 프로그램, 악성채무자 회복 프로그램, 재정문제 해결을 통한 전도 &

양육 프로그램을 통해 펼치고자 합니다. 누구든 도움이 필요하신 분들은 이 중에서 필요한 것을 신청하실 수 있습니다.

1. 세미나 & 크리스천 재정관리 프로그램의 특징

1) 성도들의 재정과 그에 따른 교회재정을 배가시키기 위하여 이 세상 재물의 주인이신 하나님의 뜻, 특히 십일조와 헌금의 비밀을 밝혀 하나님의 돈을 맡은 청지기의 자세와 관리하는 원칙을 갖추게 하는데 그 첫째 목적을 두고 있습니다. 재정을 증가시킴에 따라서 교회재정이 풍부해지면 선교 사업에 박차를 가해 하나님 나라의 사업을 확장하고 배가시키는데 있습니다.

2) 우리나라에서는 올바른 돈 관리를 제대로 가르치는 곳이 없습니다. 그래서 성도들에게 올바른 재정 관리법을 알려 드림으로 재정부족으로 인한 어려움에서 벗어나고 형통한 복을 누리게 하고자 합니다. 이는 성도들과 기독교인이 아닌 일반인들의 경우도 알고 배우면 아주 좋은 방법입니다. 저는 크리스천을 위한 재정관리를 상담하기 이전에 이미 일반인들을 위한 재정 관리에도 몇 년 동안 상담을 해왔었습니다. 그러므로 복음을 알지 못하는 사람들에게 교회에 발을 딛게 하는 좋은 방법이자 기회가 되기도 합니다.

3) 또한 우리 주변에는 정도는 다르지만 악성부채로 인한 어려움을 겪는 사람들이 엄청난 수에 이릅니다. 이들에게 하나님의 지혜와 능력으로 사탄의 덫에서 풀려나와 악성부채를 해결하게 하고, 돈 문제의 해결책을 알려줌으로써 이들이 다시 교회로 돌아오는 복음 전도의 수단으로 삼고

자 합니다.

4) 마지막으로 이러한 주제와 해결에 초점을 맞춘 프로그램은 우리나라에서는 처음으로 시도되는 것입니다. 그러므로 교회 성도들뿐 아니라 세상 사람들에게도 재정적으로 부유해지는 하나님의 비밀은 많은 관심을 끌고, 그 진실성에 놀라움을 불러일으키게 될 것으로 봅니다. 또한 악성부채 해결을 통해 하나님과 새롭게 만남으로 복음을 받아들이게 한 새로운 전도 방법으로 떠오르게 될 것입니다. 또한 기존 성도들도 하나님께 드리는 십일조와 헌금의 비밀을 잘 알아 올바르게 드리고 아낌없이 드림으로 교회재정이 배가가 되어 선교 사업을 위한 재정이 풍부해지게 됩니다.

2. 세미나

1) 교회 재정을 두 배로 증가시키는 방법

교회재정이 부요한 교회는 많지 않을 것입니다. 우리나라 교회의 50%는 미자립교회로 재정적으로 어려우며 아주 심각한 곳도 많습니다. 그러나 성도들이 십일조와 헌금에 대한 하나님의 비밀을 제대로 안다면 기꺼이 풍성하게 드릴 것이고 자연스럽게 교회 재정은 지금보다 두 배로 늘어날 것입니다. 그러나 강단에서 십일조에 대한 강조를 하면 오해를 받고 있으며, 과거 부흥사를 통해 십일조만 드리면 투자 상품처럼 고수익으로 되돌려 준다는 문제가 있는 성경 해석으로 많은 성도들에게 아직도 십일조에 대한 하나님의 뜻이 심각하게 왜곡되어 있습니다. 또한 많은 성도들 수입이 줄어드는 것도 십일조가 줄어드는 것도 원인이 되기도 합니다. 이것에 대한 하나님의 비밀을 명쾌하게 밝혀서 교회나 성도 모두가 재정적으로 풍요로워지는 하나님의 계획을 말씀드립니다.

 2) 성도들의 재정이 풍요로워지는 방법

 한 가족이 평생 필요한 돈은 약 14억 원 정도 됩니다. 이는 30년 동안 연봉 4,500만 원을 한 달도 빠짐없이 벌어야 하는 큰돈입니다. 그러므로 저축과 투자를 통한 미래의 준비와 이를 위해 적절한 돈 관리를 하지 않는다면 가난하게 살아갈 수밖에 없습니다. 게다가 신용카드의 문제점, 막대한 대출이자, 돈을 빌려주고 받지 못하거나 부동산이나 주식 등의 투자 실패, 과도한 보험, 무리한 집사기, 자영업이나 네트워크 사업의 실패 등은 우리를 돈 걱정에서 자유롭지 못하게 합니다. 따라서 이러한 돈 관리에 대한 성경적인 원칙과 구체적인 적용을 알려 드림으로써 이를 실천하는 가정마다 재정적으로 풍요로워지게 해 드립니다.

 3) 빚의 수렁에 빠져 있는 사람들을 위한 해결책

 서두에서 말씀드린 것처럼 우리나라는 심각한 악성부채의 수렁에 빠져 있습니다. 악성부채는 사탄의 덫입니다. 그래서 이 덫에 걸리면 부부가 이혼을 하고, 가정이 깨지며, 믿음을 잃어 교회를 떠나게 됩니다. 그러나 교회에서도 악성부채를 해결하는 방법을 알려준다면 다시금 구름 떼처럼 교회를 찾아 올 것입니다. 하나님은 불치의 병을 낫게 하고, 귀신을 쫓아내듯이 어떤 심각한 악성부채도 해결해 주실 능력이 있으십니다. 그러나 기도하는 것만으로는 이 문제가 해결되지 않습니다. 총체적인 하나님의 해결책을 알고 이를 실천해야 하는 것입니다. 저는 오랫동안 상담을 통해 이러한 하나님의 회복케 하심을 많이 경험했습니다. 사탄의 덫으로부터 하나님이 행하신 해방의 선포를 듣는다면 다시금 교회는 엄청나게 부흥할 것입니다.

시간 : 하루 1시간 30분

장소 : 신청하신 교회의 본당이나 교육관

기간 : 하루, 이틀, 3일 등 요청에 따라 진행할 수 있습니다.

준비 : 교회 안팎에 충분한 세미나 홍보를 하시면 효과가 배가가
　　　됩니다.

기타 : 제 세미나 내용은 곧 책으로 출판될 예정이며, 세미나 일정의 부족으로 모든 신청에 답해드리지 못하게 될 수 있으므로 선착순으로 진행합니다. 강사료는 무료로 해드리고 싶으나 저희 상담센터의 운영비나 교통비로 교회 형편에 따라 약소하게 받겠습니다. 세미나 후에 시간이 나면 특별상담도 진행해 드릴 수 있습니다.

3. 크리스천 재정관리 교육 프로그램

특징 :

한 가족이 평생 필요한 돈은 약 14억 원으로 이는 30년 동안 매달 약 400만 원을 한 달도 빠짐없이 벌어야 하는 큰돈입니다. 그러므로 미래에 대한 자금을 준비하지 않는다면 가난한 채로 살아갈 수밖에 없습니다. 또한 하나님의 자녀는 하나님께 재정적인 축복을 받아 하나님의 뜻을 따라 맡겨진 돈을 관리하는 관리자로서의 자세와 자격을 알아야 합니다. 그래서 수입을 저축하고 투자하여 돈을 안정성과 수익성 있게 관리하는 능력을 키워야 하고, 그 외에도 보험, 집사기, 대출, 돈 꾸기, 돈 돌려받기, 보증, 노후 대책 등에 이르기까지 실생활에 구체적으로 적용하는데 있어 지혜롭고 합리적인 방법을 배우도록 합니다. 이를 통해 하나님 나라를 확장하고 이웃을 구제하며 하나님이 기뻐하시는 청지기의 삶을 살아가게 합니다.

교육 내용:

이 프로그램은 '크리스천 재정관리' 라는 책으로 출판될 예정입니다.

기간 : 매주 하루 2시간, 5주간 교육

장소 : 신청하신 교회 본당이나 교육관

대상 : 전교인과 교회지도자

4. 하나님의 재정 관리자 육성 프로그램

특징 :

마태복음 25장에 보면 2달란트, 5달란트 맡은 종처럼 주인의 뜻에 따라 종자돈을 두 배로 벌어 칭찬을 듣고 주인에게서 더욱 많은 돈을 맡는 종이 나옵니다. 이처럼 돈에 대한 하나님의 뜻을 알고 그 뜻에 맞게 저축하고 투자하여 하나님의 나라를 확장하기 위한 선교사업과 불우한 이웃을 돕는 구제 사업에 일생을 헌신하려는 관리자를 육성하는 프로그램입니다. 우리나라는 교회도 많고 성도도 많지만 큰 자산을 가지고 하나님의 사업에 헌신하는 재력가나 사업가를 찾아보기 어렵습니다. 그래서 일찍부터 큰 뜻을 두고 철저히 하나님의 재정을 맡는 관리자의 자세와 능력을 배우고 익혀 하나님으로부터 거대한 자금을 공급 받아 하나님의 사업을 경영하는 큰 일꾼을 기르고자 하는 프로그램입니다.

교육 내용 :

이 프로그램은 '백만장자가 되는 성경적인 10가지 키워드' 이라는 책으로 출판될 예정입니다.

일차	교육 내용
1일차	모든 것의 처음은 자세이다.
	: 하나님이 기뻐하시는 돈에 대한 자세
	실력을 갖추어라.
	: 돈을 모으고 수익성을 올리는 원칙과 방법
2일차	쓰레기를 치워라.
	: 신용카드 사용, 대출, 사채, 악성부채 해결
	시험에 합격해라.
	: 십일조와 헌금의 비밀
3일차	영적 전쟁에서 승리해라.
	: 사탄의 덫과 방어 대책
	세상의 제도를 지혜롭게 활용해라.
	: 저축, 투자, 보험, 주택 마련, 보험, 노후 대책 등
4일차	땀을 흘려야 한다.
	: 성경적인 노동관
	하나님의 부와 세상의 부를 구별하라.
	: 큰 돈 뒤에 있는 하나님과 사탄의 특징과 대책
5일차	거룩한 성품은 모든 일의 기본이다.
	: 하나님이 기뻐하시는 성품과 적용
	마지막은 하나님과의 관계이다.
	: 하나님과 동행하는 삶의 비밀

기간 : 매주 하루 2시간, 5주간 교육

장소 : 신청하신 교회 본당이나 교육관

대상 : 하나님의 재정을 맡아 사역을 원하는 성도와

　　　교회지도자

5. 악성채무자 회복 프로그램

특징 :

지금 우리나라는 400만 명의 신용불량자(4가구당 1가구)와 가구당 평균 3,000 만 원의 부채가 있으며 3가구당 1가구가 빚을 내어 살림을 꾸려나가고 있으며 2, 30대 자살의 가장 큰 원인이 악성부채입니다. 그러므로 우리 주변에는 악성부채의 올가미에 걸려 신음하며 고통 받는 사람들의 수가 엄청납니다. 그러나 이에 대한 대책을 발견하기가 쉽지 않습니다. 정부에서도 여러 가지 사회적인 제도를 통해 그들을 꺼내주려고 하나 돈에 대한 숨겨진 태도와 악한 영의 정체를 깨닫지 못하여 쉽게 벗어나지 못하는 실정입니다. 그러나 예수님은 귀신을 쫓아내시고 불치의 병을 낫게 하실 수 있으며 어떤 악성부채라도 회복시키실 수 있습니다. 그 해결책은 단지 기도만 하면 되기보다 총체적인 하나님의 해결책을 깨닫고 실천하는 데 있습니다. 이에 하나님의 능력과 뜻을 밝혀 이 사탄의 덫에서 벗어나는 데 이 교육의 목적이 있습니다.

교육 내용:

이 프로그램은 ' 악성부채의 늪에서 살아남는 10가지 생존 원칙' 이라는 책으로 출판될 예정입니다.

일차	교육 내용
1일차	하나님의 지혜를 알아야 한다.
	생각을 바꾸어야 한다.
2일차	영적인 싸움에서 이겨야 한다.
	관리자의 자세로 돌아가라.

일차	교육 내용
3일차	땀을 흘려 일하라.
	빚을 갚기 시작해라.
4일차	사회제도를 지혜롭게 활용해라.
	십일조를 드려라.
5일차	하나님이 기뻐하시는 성품을 가져라.
	하나님과 동행해라.

기간 : 매주 하루 2시간, 5주간 교육

장소 : 신청하신 교회 본당이나 교육관

대상 : 악성채무자와 교회지도자

6. 재정문제 해결을 통한 전도 & 양육 프로그램

특징:

예수님은 공생애 기간에 많은 사람들의 삶의 문제를 해결해 주셨습니다. 귀신을 쫓아주셨고, 질병을 치유해 주셨습니다. 그러나 현대를 살아가는 사람들의 가장 큰 문제는 재정적인 어려움입니다. 만약 지금 예수님이 사역을 하신다면 이러한 문제를 가장 많이 해결해 주셨을 것입니다. 또한 예수님은 가난한 자에게 복음을 전하셨으며 자신이 가난해지심은 우리로 하여금 부요케 하기 위함이라고 말씀하셨습니다. 그래서 재정문제 해결을 통한 전도와 양육으로 하나님을 만나고 구원을 얻게 하는 데 이 프로그램의 초점을 맞추었습니다.

교육 내용:

일차	교육 내용
1일차	우리의 경제적인 현실과 재정문제를 통한 전도 개요
	생활전도를 통한 전도 대상자에게로의 접근과 질문
2일차	불신자들의 특징과 삶의 딜레마에 대한 해결책
	재정에 대한 하나님의 뜻과 계획
3일차	하나님의 온전한 문제해결과 믿음의 중요성
	성경적인 노동관과 부채해결에 대한 자세
4일차	미래의 준비자금과 관리자로서의 재정관리
	악성부채에 대한 영적인 싸움과 대비책
5일차	하나님의 지혜에서 본 사회제도의 이용
	하나님과 동행하는 삶의 중요성

기간 : 매주 하루 2시간, 5주간 교육

장소 : 신청하신 교회 본당이나 교육관

대상 : 재정문제를 해결하여 형통한 삶을 원하는 모든 사람들과 이 프
로그램을 적용하여 교회 부흥을 원하는 교회지도자

신청 : 크리스천 재정관리 상담센터
연락처 : 042)533-4334 H.P. 011-456-7700
E-mail : looker7700@hanmail.net